Springers Lehrbücher
der Informatik

Herausgegeben von
o. Univ.-Prof. Dr.-Ing. Gerhard H. Schildt
Technische Universität Wien

SpringerWienNewYork

Gerhard H. Schildt

Informatik

Aufgaben und Lösungen

Zweite, überarbeitete
Auflage

Springers Lehrbücher
der Informatik

SpringerWienNewYork

o. Univ.-Prof. Dr.-Ing. Dipl.-Ing. u. Ing. (grad.) Gerhard H. Schildt
Senior Member of IEEE
Institut für Rechnergestützte Automation
Technische Universität, Wien, Österreich
e-mail: schi@auto.tuwien.ac.at

Printed in Austria

Satz: Composition & Design Services, Minsk 220027, Belarus
Druck: Novographic Druck G.m.b.H., A-1230 Wien
Graphisches Konzept: Ecke Bonk

Gedruckt auf säurefreiem, chlorfrei gebleichtem Papier – TCF
SPIN: 10541773

1. Auflage erschienen als „Bezirgan, A.: Informatik – Aufgaben und Lösungen“

ISBN 3-211-82414-6

Die Deutsche Bibliothek - CIP-Einheitsaufnahme
Ein Titeldatensatz für diese Publikation ist bei
Der Deutschen Bibliothek erhältlich

ISSN 0938-9504
ISBN 3-211-82861-3 Springer-Verlag Wien New York
ISBN 3-211-82414-6 1. Aufl. Springer-Verlag Wien New York

Meinem verehrten Lehrer Prof. Dr.-Ing. Hans Fricke
(apl. Professor an der Technischen Universität Braunschweig)
gewidmet

Vorwort zur zweiten Auflage

Das Lehrbuch „Informatik" aus der Lehrbuchreihe der *Informatik* von den Verfassern *Blieberger, Klasek, Redlein* und *Schildt* ist inzwischen in der dritten Auflage erschienen und hat sich am Markt sehr gut eingeführt. In der dritten Auflage war es notwendig, die Inhalte des Informatikbuches an neue informatische Entwicklungen anzupassen: So zum Beispiel die Fuzzy-Logik, wie sie von Lotfi A. Zadeh begründet wurde. Weiter haben sich auch neue Entwicklungen auf dem Gebiet der Betriebssysteme ergeben (so zum Beispiel unter anderem die *Threads* und das damit zusammenhängende *Thread-Scheduling*), aber auch so interessante Fachgebiete wie z.B. die informatische Behandlung des *elektronischen Geldes* oder Fragestellungen der *Authentisierung*. So stehen derzeit *informationsreduzierende Codierungen* im Vordergrund. Dies war der Anlaß, im Zusammenhang mit dem Vorlesungsbuch Aufgaben und zugehörige Lösungen erneut zu präsentieren.

Der vorliegende Band ist in einen Aufgaben- und Lösungsteil gegliedert. Allen angeführten Antworten liegt der Inhalt des begleitenden Lehrbuches *„Informatik"* zugrunde. Es sei darauf hingewiesen, daß im allgemeinen die angeführten Lösungen nicht als absolut angesehen werden sollten, sondern als Musterlösungen gedacht sind. Vor allem bei Rechenaufgaben gibt es oft andere gleichwertige Lösungswege und Notationen.

Zwischenzeitlich haben wir unter Leitung von Herrn Dr. Blieberger die Abwicklung der erforderlichen Übungstests rechnergestützt automatisiert. Dabei werden die Prüfungen bereits vollautomatisch abgewickelt mit Tests, die vom Studierenden direkt auf einem Computer in vorgegebener Zeit zu bearbeiten sind. Darüber hinaus erfolgt auch eine automatisierte Bewertung der Prüfungsleistung durch den Computer. Zusätzlich finden die Studierenden auf der Homepage des *Institutes für rechnergestützte Automation* unter *www.auto.tuwien.ac.at* Beispiele für übliche Aufgaben der Übungstests. Ziel des vorliegenden Buches mit Aufgaben und Lösungen ist es, diese Basis zu verbreitern und dem Studierenden genügend Anregungen zu geben, um das erlernte Wissen selbständig zu überprüfen.

Unser besonderer Dank gilt Herrn Dr. A. Bezirgan, der die Erstellung der ersten Auflage übernommen hat, sowie für redaktionelle Beiträge durch Frau R. Fochtner. Herr Dr. A. Bezirgan hat sich zwischenzeitlich anderen Aufgaben in der Industrie zugewandt; daher war es jetzt notwendig geworden, die zweite Auflage dieses Begleitbuches mit Aufgaben und Lösungen zu erstellen.

Pressbaum, im Oktober 1999 Gerhard H. Schildt

Vorwort zur ersten Auflage

Als die erste Auflage des Buches „Informatik“ vor zwei Jahren erschien, waren Unsicherheiten hinsichtlich der Akzeptanz dieses Buches vorhanden. Mittlerweile ist die erste Auflage vergriffen, und die zweite Auflage erscheint gleichzeitig mit diesem Band. Einer der Kritikpunkte an der ersten Auflage war das Fehlen von Übungsaufgaben am Ende jedes Kapitels. Erst durch die selbständige Erarbeitung von konkreten Beispielen wird es dem Leser möglich, ein tiefes Verständnis der behandelten Materie zu erlangen und sein Verständnis zu überprüfen. Die Aufnahme von Übungsaufgaben in einem sinnvollen Ausmaß würde jedoch den bereits hohen Umfang des Buches weiter erhöhen. Aus diesem Grund entstand der vorliegende Band, der als Ergänzung des Buches „Informatik“ zu verstehen ist und der sich im Aufbau und Inhalt streng nach diesem richtet. Die Aufgaben in diesem Band haben sich im Lehr- und Prüfungsbetrieb seit dem Wintersemester 1989/90 an der Technischen Universität Wien bewährt und spiegeln auch die Schwerpunkte, die im Lehrbetrieb gesetzt wurden, wider. An zahlreichen Stellen wurde Wert auf Erklärungen gelegt, welche über die Beschreibungen im Buch „Informatik“ hinausgehen und somit eine sinnvolle Ergänzung derselben darstellen.

Bester Dank gebührt in erster Linie Maryam Maftoon Kebriai. Ohne ihre Hilfe bei der Erfassung der Beispiele hätte dieses Buch nicht rechtzeitig fertiggestellt werden können. Dank gebührt auch meinen Kollegen Johann Blieberger, Ulrich Schmid und Stefan Stöckler für die großzügige Überlassung zahlreicher Beispiele, sowie Andreas Dluhy für ausgezeichnete Korrekturarbeiten und zahlreichen Studenten für Korrekturen und Anregungen. Nicht zuletzt möchte ich auch Prof. Gerhard H. Schildt für seine wertvollen Hinweise und für seine Unterstützung dieses Vorhabens danken. Trotz Beteiligung zahlreicher Personen an den Erfassungs- und Korrekturarbeiten trage ich die Verantwortung für sämtliche Fehler in diesem Buch. Ich bin für Hinweise auf Fehler und für sonstige Verbesserungsvorschläge dankbar.

Wien, August 1992 — Attila Bezirgan

Inhaltsverzeichnis

Aufgaben

Theoretische Grundlagen

1 Informationstheorie ... 1
2 Codierungstheorie ... 5
3 Informationsreduzierende Codierungen ... 11
4 Zahlendarstellungen ... 12
5 Algorithmen ... 19
6 Boolesche Algebra ... 20
7 Fuzzy-Logik ... 23

Hardware

8 Logische Schaltungen ... 25
9 Mikroprozessoren ... 29
10 Computersysteme ... 30

Betriebssysteme und Systemsoftware

11 Prozesse ... 33
12 Speicherverwaltung ... 36
13 Interprozeß-Kommunikation ... 38
14 Netzwerke ... 39
15 Betriebssystem-Struktur ... 40
16 Resource-Management ... 41
17 Human Interface ... 42
18 Assemblersprachen ... 43
19 Höhere Programmiersprachen ... 44

Lösungen

Theoretische Grundlagen

1 Informationstheorie ... 45
2 Codierungstheorie ... 51
3 Informationsreduzierende Codierungen ... 68
4 Zahlendarstellungen ... 70
5 Algorithmen ... 85
6 Boolesche Algebra ... 86
7 Fuzzy-Logik ... 99

Hardware

8 Logische Schaltungen ... 101

9 Mikroprozessoren ... 108
10 Computersysteme ... 111

Betriebssysteme und Systemsoftware

11 Prozesse ... 118
12 Speicherverwaltung ... 123
13 Interprozeß-Kommunikation ... 128
14 Netzwerke ... 129
15 Betriebssystem-Struktur ... 132
16 Resource-Management ... 134
17 Human Interface ... 136
18 Assemblersprachen ... 137
19 Höhere Programmiersprachen ... 138

Anhang

Literaturverzeichnis ... 143
Sachwortverzeichnis ... 145

Aufgaben zu Kapitel 1: Informationstheorie

1.1 Was versteht man unter *Codierung*?

1.2 Wozu codiert man Daten?

1.3 Die Abbildung von Studentendaten wie Namen und Adressen auf die Matrikelnummern des jeweiligen Studenten bildet eine umkehrbar eindeutige Codierung mit Codes fester Wortlänge. Geben Sie je eine andere denkbare Codierung von Studentendaten mit den folgenden Eigenschaften an:

a. umkehrbar eindeutig und feste Wortlänge des Codes.

b. nicht umkehrbar eindeutig und feste Wortlänge des Codes.

c. umkehrbar eindeutig und variable Wortlänge des Codes.

d. nicht umkehrbar eindeutig und variable Wortlänge des Codes.

1.4 Geben Sie bei den folgenden Codierungen jeweils an, ob sie umkehrbar eindeutig und / oder die zugehörigen Codes fester Wortlänge sind:

a. Morse-Code

b. LVAdaten $\rightarrow$ LVAnr (LVA steht für Lehrveranstaltung)

c. Telefonbuch (Person $\rightarrow$ Telefonnummer)

d. a $\rightarrow$ 0, b $\rightarrow$ 10, c $\rightarrow$ 01

1.5 Was versteht man unter einem *Binärcode*?

1.6 Wenn eine Binärcodierung umkehrbar eindeutig sein soll und wenn die Wortlänge des Codes eine feste Zahl N ist, wie groß darf dann das Quellalphabet maximal sein?

1.7 Wenn umgekehrt das Quellalphabet N Zeichen hat und Sie dieses mit einer umkehrbar eindeutigen Binärcodierung mit fester Wortlänge M des zugehörigen Codes codieren wollen, wie groß muß dann M mindestens sein?

1.8 Was ist ein *Bit*?

1.9 Was versteht man unter dem *Informationsfluß*? In welcher Einheit wird er gemessen?

1.10 Wenn Sie in einem Auto während einer Fahrt jede halbe Stunde auf die Öldruckwarnlampe sehen, wie groß ist dann der Informationsfluß von der Lampe zu Ihnen? Tip: Überlegen Sie dazu, wieviel Information Sie bei jedem Hinsehen bekommen.

1.11 Wenn Sie sich wie im letzten Beispiel verhalten, wie groß ist dann der Informationsgehalt der *leuchtenden* Öldruckwarnlampe? Wie groß ist der Informationsgehalt der *erloschenen* Lampe? Hinweis: Überlegen Sie sich, wie oft die Lampe im allgemeinen in einem intakten Auto leuchtet.

1.12 Wie ist der *Informationsgehalt h* in der Informationstheorie nach Shannon definiert? In welcher Einheit wird er gemessen?

1.13 Wie ist der mittlere Informationsgehalt H in der Informationstheorie nach Shannon definiert? In welcher Einheit wird er gemessen?

1.14 Geben Sie die zwei Eigenschaften an, die eine Funktion zur Berechnung des Informationsgehaltes nach der Shannonschen Informationstheorie erfüllen soll.

1.15 Wie groß ist der Informationsgehalt jedes einzelnen Zeichens und der mittlere Informationsgehalt in einer Binärcodierung mit N Bits, in der alle möglichen Codewörter verwendet werden und gleich wahrscheinlich auftreten?

1.16 Gegeben sei eine Liste von Substantiven mit den dazugehörigen Artikeln. Wenn Sie wissen, daß die Endung „ung“ ein Substantiv mit dem Artikel „die“ bedingt, wie groß ist dann der Informationsgehalt des Artikels des Wortes „Bedeutung“ in der Liste?

1.17 Die Wahrscheinlichkeit für das Auftreten von „Kopf“ oder „Zahl“ beim Münzenwerfen beträgt jeweils 1/2. Wie groß ist die Wahrscheinlichkeit, daß Sie bei drei Würfen dreimal „Zahl“ erhalten? Wie groß ist der Informationsgehalt einer Nachricht, die den Ausgang von drei

Würfen beinhaltet, wenn die einzelnen Würfe einander nicht beeinflussen und der Informationsgehalt einer Nachricht, die den Ausgang eines Wurfes beinhaltet, I ist?

1.18 Leiten Sie die Formel zur Berechnung des Logarithmus dualis $ld\,x$ her!

1.19 Gegeben ist das folgende Alphabet mit den angegebenen Auftrittswahrscheinlichkeiten der einzelnen Zeichen. Berechnen Sie den Informationsgehalt h jedes Zeichens und den mittleren Informationsgehalt H für das Alphabet!

	p
?	0.125
!	0.625
a	0.1
5	0.15

1.20 Wie ist die *mittlere Wortlänge* L eines Codes definiert? In welcher Einheit wird sie gemessen?

1.21 Wie ist die *Redundanz* R eines Codes definiert? Welche Werte kann sie annehmen und in welcher Einheit wird sie gemessen?

1.22 Wie ist die *relative Redundanz* r eines Codes definiert? In welcher Einheit wird sie gemessen?

1.23 Wenn man annimmt, daß 10 000 Studentendaten mittels Matrikelnummer codiert werden, wie groß ist die Redundanz und die relative Redundanz dieser Codierung?

1.24 Wieviele Fragen brauchen Sie i. a. mindestens, um eine Zahl zwischen 0 und 99, die ein Freund zufällig gewählt hat, durch Fragen der Art „ist die Zahl größer / kleiner als x“ zu erraten? Wie lauten die Fragen?

1.25 Gegeben sind folgende Binärcodes und die jeweiligen Auftrittswahrscheinlichkeiten der einzelnen Zeichen. Berechnen Sie für beide Codes:

a. den Informationsgehalt h für jedes Zeichen,

b. den mittleren Informationsgehalt H,

c. die mittlere Wortlänge L,

d. die Redundanz R und

e. die relative Redundanz r.

Schätzen Sie weiter für den ersten Code die Redundanz R und begründen Sie Ihre Schätzung.

1.

	p	Code
A	0.25	1000001
B	0.25	1000010
C	0.125	1000011
D	0.125	1000100
E	0.25	0

2.

	p	Code
A	0.125	1001001
X	0.0625	1011001
B	0.25	1011101
Y	0.0625	1001101
G	0.5	0

Aufgaben zu Kapitel 2: Codierungstheorie

2.1 Beschreiben Sie das Verfahren zur Erzeugung eines *Huffman-Codes*!

2.2 Handelt es sich beim Morse-Code konzeptuell um einen *Huffman-Code*? Begründen Sie Ihre Antwort!

2.3 Handelt es sich bei den folgenden Codes um *Huffman-Codes*? Begründen Sie Ihre Antwort.

a.

	Code
a	0
b	10
c	101

b.

	Code	p
a	11	0.5
b	10	0.25
c	0	0.25

2.4 Kann man beim Huffman-Code die Redundanz beliebig klein machen? Wenn ja, wie? Wenn nein, warum nicht?

2.5 Was ist ein *adaptiver Huffman-Code*?

2.6 Geben Sie eine hinreichende Bedingung für die Auftrittswahrscheinlichkeiten der Zeichen eines Codes an, so daß die Redundanz des Codes gleich 0 ist!

2.7 Gegeben sind die folgenden Alphabete mit den angegebenen Auftrittswahrscheinlichkeiten der einzelnen Zeichen. Ermitteln Sie für jedes

Alphabet einen passenden Huffman-Code und berechnen Sie die Redundanz des Codes! Geben Sie auch die Zwischenschritte an!

a.

	p
a	0.25
b	0.25
c	0.0625
d	0.0625
e	0.125
f	0.25

b.

	p
h	0.0625
i	0.125
j	0.03125
k	0.5
l	0.25
m	0.03125

2.8 Ist der Huffman-Code eindeutig, d.h., wenn ein Alphabet und die Auftrittswahrscheinlichkeiten der einzelnen Zeichen gegeben sind, gibt es dann genau einen passenden Huffman-Code?

2.9 Konstruieren Sie einen Huffman-Code für das folgende Alphabet und berechnen Sie die Redundanz. Codieren Sie nun jeweils zwei aufeinander folgende Zeichen gemeinsam und berechnen Sie ebenfalls die Redundanz. Vergleichen Sie die beiden Redundanzen und interpretieren Sie das Ergebnis.

	p
a	0.4
b	0.6

2.10 Was sind *adaptive Codes*? Nennen Sie ein Codierungsverfahren, das sich besonders gut für die Realisierung adaptiver Codes eignet!

2.11 Zwei Rechner kommunizieren in einer Sprache mit einem Alphabet aus drei Zeichen a, b, c, die mittels eines adaptiven Huffman-Codes auf 0 und 1 abgebildet werden. Der Huffman-Code wird nach je 10 übertragenen Zeichen neu berechnet, wobei für die Berechnung nur die letzten 10 Zeichen verwendet werden. Nehmen Sie an, daß zu Beginn der Übertragung die folgende Codierung verwendet wird:

$a \rightarrow 0,\ b \rightarrow 10,\ c \rightarrow 11.$

Wie sehen bei der folgenden Übertragung die Huffman-Codes nach jeder Neuberechnung aus? Wieviele Bits braucht man, wenn man die gegebene Nachricht auf diese Weise überträgt, und wieviele würde man brauchen, wenn man alle ihre Zeichen mit der Anfangscodierung übertragen würde?

b a b c b b b a c c b a a b c c c b b a a c c b a c c c b c a b c c c c c c c

2.12 Gegeben ist der folgende arithmetische Code und die folgende codierte Nachricht. Decodieren Sie die Nachricht! Nehmen Sie dabei an, daß „!" als *Endekennung* dient! Geben Sie auch die Zwischenschritte bei der Decodierung an! Beachten Sie, daß bei den angegebenen Intervallen die Schreibweise [x, y) bedeutet, daß die untere Grenze des Intervalls (x) noch zum Intervall gehört, während seine obere Grenze (y) nicht mehr zum Intervall gehört.

	Intervall
u	[0, 0.2)
g	[0.2, 0.5)
t	[0.5, 0.6)
s	[0.6, 0.8)
h	[0.8, 0.9)
!	[0.9, 1.0)

Codierte Nachricht: 0.23594315

2.13 Im folgenden sind jeweils ein *Alphabet,* die *Auftrittswahrscheinlichkeiten* der einzelnen Zeichen und ein *Wort* angegeben. Berechnen Sie jeweils mittels arithmetischen Codierens das zum Wort gehörende Intervall. Nehmen Sie an, daß das Zeichen „!" als Endekennung fungiert. Geben Sie auch die Zwischenschritte der Codierung an. Die Codierung soll so erfolgen, daß die untere Grenze des Intervalls für das erste Zeichen des Alphabets 0.0 und die obere Grenze des Intervalls für das letzte Zeichen des Alphabets 1.0 ist.

a. Alphabet: {d, e, f,!}; Wort: fee

	p
d	0.3
e	0.4
f	0.2
!	0.1

b. Alphabet: {a,!, c, d, e, f}; Wort: fade

	p
a	0.1
!	0.25
c	0.1
d	0.1
e	0.2
f	0.25

Bemerkung: Halten Sie sich bei der Konstruktion der Intervalle an die Reihenfolge der Zeichen in den obigen Tabellen. Das Intervall für das erste Zeichen der Tabelle sollte bei 0.0 beginnen und jenes für das letzte Zeichen bei 1.0 enden.

2.14 Nennen Sie einige Unterschiede zwischen dem arithmetischen Codieren und dem Huffman-Codieren!

2.15 Was ist ein *fehlererkennender Code*? Nennen Sie einen fehlererkennenden Code!

2.16 Was ist ein *fehlerkorrigierender Code*? Nennen Sie einen fehlerkorrigierenden Code!

2.17 Können Sie sich ein Verfahren vorstellen, mit dem eine absolut fehlerfreie Übertragung von Nachrichten möglich ist? Wenn ja, wie sieht das Verfahren aus, wenn nein, warum nicht?

2.18 Wie ist die *Hammingdistanz zweier binärer Codewörter* festgelegter Länge definiert?

2.19 Wie ist die *Hammingdistanz eines Binärcodes* festgelegter Länge definiert?

2.20 Angenommen, ein Binärcode hat die Hammingdistanz $(k-1)$ für $k \geq 2$. Wieviele Übertragungsfehler kann man dann erkennen?

2.21 Angenommen, ein Binärcode hat die Hammingdistanz $(2k-1)$ für $k \geq 1$. Wieviele Übertragungsfehler kann man dann korrigieren?

2.22 Konstruieren Sie einen fehlererkennenden Binärcode minimaler Wortlänge für das Alphabet {x, y} mit Hammingdistanz $D = 2$, der zusätzlich in der Lage ist, manche Fehler, die nur ein Bit betreffen, zu korrigieren! Geben Sie für das letztere ein Beispiel in Form eines richtig korrigierten Codewortes an!

2.23 Welches Wort wird bei der Polynomcodierung übertragen (Generatorpolynom $G(x) = x^4 + x + 1$), wenn das zu übertragende (unverschlüsselte) Wort W = 110101 ist. Geben Sie zunächst eine Beschreibung der durchzuführenden Schritte und danach die Ergebnisse der einzelnen Schritte an!

2.24 Decodieren Sie unter Verwendung der Polynomcodierung das Wort 1011010110 (Generatorpolynom $G(x) = x^4 + x + 1$)! Stellen Sie fest, ob das Wort richtig übertragen wurde. Geben Sie zunächst eine Beschreibung der durchzuführenden Schritte und danach die Ergebnisse der einzelnen Schritte an! Stellen Sie fest, ob das übertragene Wort gestört ist!

2.25 Geben Sie die Formeln zur Berechnung der Prüfbits p_4, p_8 und p_{16} für einen Hamming-Code mit 13 Datenbits an!

2.26 Angenommen, Sie wollen sechsstellige Binärworte übertragen und zur Fehlerkorrektur einen Hamming-Code verwenden.

a. Codieren Sie das Wort 011011!

b. Nehmen Sie an, daß bei der Übertragung des codierten Wortes aus Punkt a das dritte Bit von links gestört wird. Führen Sie die notwendigen Berechnungen auf der Empfängerseite durch, um diesen Fehler zu korrigieren.

c. Codieren Sie das Wort 100010!

2.27 Im folgenden wird ein Hamming-Code verwendet.

a. Nehmen Sie an, es wird der Code 0001110001 empfangen. Führen Sie die notwendigen Berechnungen durch, um festzustellen, ob das Wort richtig übertragen worden ist.

b. Wenn das Wort 0010110111 empfangen wird, was liefert dann das Korrekturverfahren und was bedeutet dieses Ergebnis?

2.28 Kann man mit einem Hamming-Code manche Mehrfachfehler erkennen? Kann man mit einem solchen Code alle Mehrfachfehler erkennen? Begründen Sie Ihre Antworten!

2.29 Was passiert, wenn bei einem Hamming-Code ein Prüfbit gestört wird?

2.30 Nennen Sie zwei Verfahren zur *Zifferncodierung!* Geben Sie jeweils die Codetabelle an!

2.31 Nennen Sie die Anforderungen an ein *Public Key Cryptosystem!*

2.32 Beschreiben Sie die wichtigsten Schritte der *RSA-Methode* zur Verschlüsselung von Nachrichten!

2.33 Was versteht man unter *Authentisierung*?

Aufgaben zu Kapitel 3: Informationsreduzierende Codierungen

3.1 Erläutern Sie das Shannon'sche Abtasttheorem.

3.2 Gegeben seien zwei n-dimensionale Vektoren mit den Komponenten $(a_1, a_2, ..., a_n)$ und $(b_1, b_2, ..., b_n)$. Berechnen Sie das skalare Produkt.

3.3 Bilden Sie von der Matrix $M = \begin{pmatrix} 3 & -2 & 0 \\ 5 & 4 & 1 \\ 2 & 0 & 3 \end{pmatrix}$ die transponierte Matrix M^T.

3.4 Benennen Sie die besondere Eigenschaft der diskreten Cosinustransformation (DCT).

3.5 Erläutern Sie die Vorgehensweise bei fraktaler Bildkompression.

3.6 Erläutern Sie den Vorgang der Bildkompression auf der Grundlage des JPEG-Standards (JPEG = Joint Photographic Exports Group).

Aufgaben zu Kapitel 4: Zahlendarstellungen

4.1 Wieviele Ziffern hat das n-äre System? Welche Beziehung haben Ziffern zu Zahlen im n-ären System?

4.2 Wie kann man eine ganze Zahl u im b-ären System durch Rechnungen im b-ären System in das B-äre System umwandeln? Wandeln Sie $(25)_7$ mit diesem Verfahren in das 3-er System um!

4.3 Wie kann man eine ganze Zahl u im b-ären System durch Rechnungen im B-ären System in das B-äre System umwandeln? Wandeln Sie $(25)_7$ mit diesem Verfahren in das 3-er System um!

4.4 Wandeln Sie die Zahl $(131)_{10}$ in das Binärsystem um, wobei Sie die Zwischenschritte ebenfalls angeben. Die Berechnungen sind

a. im Binärsystem und

b. im Dezimalsystem durchzuführen.

4.5 Wandeln Sie die Zahl $(10110111)_2$ in das Dezimalsystem um, wobei Sie die Zwischenschritte ebenfalls angeben. Die Berechnungen sind

a. im Binärsystem und

b. im Dezimalsystem durchzuführen.

4.6 Wozu verwendet man das *Hornerschema*?

4.7 Verwenden Sie das Hornerschema, um $4 \cdot 8^4 + 7 \cdot 8^2 + 1 \cdot 8^1 + 2 \cdot 8^0$ zu berechnen.

4.8 Wie kann man eine Zahl u mit Nachkommastellen, deren Vorkommateil gleich 0 ist und die im b-ären System gegeben ist, durch Rechnungen im b-ären System in das B-äre System umwandeln? Wandeln Sie $(0.3)_8$ mit diesem Verfahren in das Binärsystem um!

4.9 Wie kann man eine Zahl u mit Nachkommastellen, deren Vorkommateil gleich 0 ist und die im b-ären System gegeben ist, durch Rechnungen im B-ären System in das B-äre System umwandeln? Wandeln Sie $(0.3)_8$ mit diesem Verfahren in das Binärsystem um!

4.10 Wandeln Sie die Zahl $(0.0625)_{10}$ in das Binärsystem um, wobei Sie die Zwischenschritte ebenfalls angeben. Die Berechnungen sind

a. im Binärsystem und

b. im Dezimalsystem durchzuführen.

4.11 Wandeln Sie die Zahl $(0.10101)_2$ in das Dezimalsystem um, wobei Sie die Zwischenschritte ebenfalls angeben. Die Berechnungen sind

a. im Binärsystem und

b. im Dezimalsystem durchzuführen.

4.12 Wie kann man reelle Zahlen von einem Zahlensystem mit der Basis b in ein anderes mit der Basis B umwandeln? Wandeln Sie mit diesem Verfahren $(37.41)_8$ in das Binärsystem um!

4.13 Kann eine Zahl in einem Zahlensystem eine endliche und in einem anderen eine unendliche Darstellung haben? Geben Sie ein Beispiel zur Unterstützung Ihrer Antwort! Gibt es Zahlen, die in keinem n-ären Zahlensystem eine endliche Darstellung haben?

4.14 Wie kann eine reelle Zahl, die im Binärsystem gegeben ist, einfach in das oktale und das hexadezimale System umgewandelt werden? Geben Sie ein Beispiel mit 10 Vorkomma- und 7 Nachkommastellen im Binärsystem an!

4.15 Geben Sie eine Verallgemeinerung des Verfahrens aus der letzten Aufgabe zur Umwandlung von Zahlen für beliebige Zahlensysteme an.

4.16 Füllen Sie die folgende Matrix so aus, daß jede Zeile die gleiche Zahl mehrmals enthält, und zwar jeweils in jenem Zahlensystem, das in der Spaltenüberschrift angegeben ist!

Binär	Oktal	Dezimal	Hexadezimal
10111010.0111011			
10101010.010101			
	41.7		
	73.15		
		27.5625	
		23.14	
			AE.7
			6F.D1

4.17 Addieren Sie die folgenden Binärzahlen! Geben Sie für die Punkte a und b die Zwischenschritte nach der Addition jeweils einer Ziffernspalte an und tragen Sie in jedem Schritt auch gegebenenfalls auftretende Überträge ein!

a. 110110
011011
111000

c. 011110
100011

b. 011011
111010

d. 111111
101111

4.18 Subtrahieren Sie jeweils im Binärsystem die zweite Zahl von der ersten! Geben Sie für die Punkte a und b die Zwischenschritte nach der Subtraktion jeder Ziffernspalte an und tragen Sie in jedem Schritt auch gegebenenfalls „geborgte" Stellen ein!

a. 1000
101

c. 101101
11101

b. 1001
101

d. 10101
1011

4.19 Multiplizieren Sie die folgenden Zahlen im Binärsystem! Geben Sie für die Punkte a und b auch die Zwischenschritte an!

a. 1010
1101

c. 11011
1000

b. 1011
1001

d. 110111
1010

4.20 Dividieren Sie im Binärsystem jeweils die erste Zahl durch die zweite! Geben Sie für die Punkte a und b auch die Zwischenschritte an!

a. `11011` / `11`	c. `11011` / `100`
b. `1011` / `101`	d. `110111` / `11010`

4.21 Zeigen Sie, daß die Multiplikation einer Zahl u im b-ären System mit b^k, wobei b die Basis des Systems und k eine natürliche Zahl größer 0 ist, einer Verschiebung (*shift*) der Zahlendarstellung um k Stellen nach links entspricht!

4.22 Zeigen Sie, daß die Division einer Zahl u im b-ären System durch b^k, wobei b die Basis des Systems und k eine natürliche Zahl größer 0 ist, einer Verschiebung (*shift*) der Zahlendarstellung um k Stellen nach rechts entspricht!

4.23 Geben Sie im folgenden die Zwischenschritte nach der Addition / Subtraktion jeder Ziffernspalte an, und tragen Sie in jedem Schritt auch gegebenenfalls auftretende Überträge / ausgeborgte Stellen ein!

a. Addieren Sie $(FA)_{16}$ und $(16)_{16}$ im hexadezimalen System!

b. Addieren Sie $(16)_8$ und $(45)_8$ im oktalen System!

c. Subtrahieren Sie $(17)_{16}$ von $(36)_{16}$ im hexadezimalen System!

d. Subtrahieren Sie $(17)_8$ von $(36)_8$ im oktalen System!

4.24 Geben Sie eine Berechnungsvorschrift zur Berechnung von folgenden Zahlen unter ausschließlicher Verwendung der Multiplikationsoperation an! Verwenden Sie dabei das im Buch „Informatik" dargestellte Verfahren! Geben Sie an, wieviele Multiplikationen Sie für Ihre Berechnung brauchen!

a. x^{29} b. x^{31}

4.25 Nennen Sie vier Darstellungsmöglichkeiten für negative Zahlen in Computern und beschreiben Sie diese kurz!

4.26 Wie kann aus der *Einerkomplementdarstellung* einer Zahl auf einfachste Art die *Zweierkomplementdarstellung* gewonnen werden?

4.27 Wie kann eine Binärzahl, die in *Exzeßdarstellung* gegeben ist, auf einfachste Art in *Zweierkomplementdarstellung* umgewandelt werden, wenn für beide Darstellungen n Bit verwendet werden und der Exzeß für die Exzeßdarstellung 2^{n-1} beträgt?

4.28 Füllen Sie die folgende Matrix so aus, daß jede Zeile die gleiche Zahl mehrmals enthält, und zwar jeweils in jener Darstellung, die in der Spaltenüberschrift angegeben ist! Nehmen Sie bei der Exzeßdarstellung einen Exzeß von $q = 2^5$ an!

Einerkomplement	Zweier-komplement	Exzeß-darstellung	Vorzeichen und Betrag	Dezimal
011011				
10110111				
	0111011			
	1011101			
		011101		
		101111		
			011101	
			101101	
				13
				−25

4.29 Wie erkennt man Überschreitungen des Zahlenbereichs in Einer- bzw. Zweierkomplementdarstellung, die bei einer Addition zweier Zahlen entstanden sind?

4.30 Nennen Sie zwei verschiedene Arten der Darstellung von reellen Zahlen in Computern und beschreiben Sie diese kurz! Geben Sie jeweils ein Beispiel an!

4.31 Was ist bei Multiplikation und Division von Festkommazahlen zu beachten?

4.32 Warum *normalisiert* man Gleitkommazahlen?

4.33 Wie sieht eine normalisierte Zahl im Binärsystem laut dem Buch „Informatik“ aus?

4.34 Wie normalisiert man eine Gleitkommazahl im Binärsystem?

4.35 Normalisieren Sie 1 10001 00011011 im Binärsystem! Dabei ist das erste Bit das Vorzeichenbit der Mantisse, die nächsten 5 Bits enthalten den Exponenten in Exzeßdarstellung mit einem Exzeß von 2^4 und die letzten 8 Bits sind für die Mantisse reserviert.

4.36 Nennen Sie die drei Schritte, die bei der Addition von Gleitkommazahlen durchzuführen sind!

4.37 Addieren Sie die Gleitkommazahlen

1 100100 10001000 und 1 100010 11010100!

Dabei ist das erste Bit das Vorzeichenbit der Mantisse, die nächsten 6 Bits enthalten den Exponenten in Exzeßdarstellung mit einem Exzeß von 2^5 und die letzten 8 Bits sind für die Mantisse reserviert.

4.38 Gilt das *Assoziativgesetz* bei der Addition von Gleitkommazahlen in Computern? Begründen Sie Ihre Antwort!

4.39 Gilt das *Kommutativgesetz* bei der Addition von Gleitkommazahlen in Computern? Begründen Sie Ihre Antwort!

4.40 Spielt die Reihenfolge der Summation der einzelnen Glieder einer Reihe von Gleitkommazahlen für die Berechnung der Reihe in einem Computer eine Rolle? Begründen Sie Ihre Antwort! Falls Ihre Antwort *nein* ist, geben Sie an, welches Gesetz dann für die Addition von Gleitkommazahlen gilt! Falls Ihre Antwort *ja* ist, geben Sie die bevorzugte Reihenfolge an!

4.41 Nennen Sie die drei Schritte, die bei der Multiplikation von Gleitkommazahlen durchzuführen sind!

4.42 Multiplizieren Sie die Gleitkommazahlen

1 100100 1000 und 1 100010 1101!

Dabei ist das erste Bit das Vorzeichenbit der Mantisse, die nächsten 6 Bits enthalten den Exponenten in Exzeßdarstellung mit einem Exzeß von 2^5 und die letzten 4 Bits sind für die Mantisse reserviert.

4.43 Füllen Sie die folgende Matrix so aus, daß jede Zeile die gleiche Zahl mehrmals enthält, und zwar jeweils in jener Darstellung, die in der Spaltenüberschrift angegeben ist! Verwenden Sie für die Festkommadarstellungen 6 Vorkomma- und 4 Nachkommastellen und bei den Gleitkommadarstellungen 4 Bits für den Exponenten, einen Exzeß von 2^3 und 6 Bits für die Mantisse!

Festkommadarstellung	Gleitkommadarstellung	Dezimal
1 001011 0101		
	0 1010 101111	
		–27.75

Aufgaben zu Kapitel 5: Algorithmen

5.1 Was versteht man unter einem *Algorithmus*? Wie hängt dieser Begriff mit dem Begriff des *Programms* zusammen?

5.2 Was ist der Unterschied zwischen der *Programmierung* und der *Implementierung*?

5.3 Was wird unter der Bezeichnung *„Analyse von Algorithmen"* verstanden? Nennen Sie zwei wichtige Klassen von Aussagen, die man durch die Analyse von Algorithmen erhalten kann!

Aufgaben zu Kapitel 6: Boolesche Algebra

6.1 Nennen Sie die drei Komponenten, durch die eine Algebra bestimmt wird!

6.2 Geben Sie eine Beschreibung der Booleschen Algebra an!

6.3 Werten Sie den folgenden Booleschen Ausdruck für die angegebene Variablenbelegung aus! Geben Sie auch die Zwischenschritte nach der Auswertung jedes Teilausdrucks an!

$$a = (e_1 \vee e_2 \vee (e_1 \wedge e_3)) \wedge (e_1 \wedge e_2 \wedge e_3) \wedge e_3$$
$$\text{mit } e_1 = 0, \qquad e_2 = 1, \qquad e_3 = 1.$$

6.4 Dualisieren Sie den folgenden Satz!

$$(x \vee (x \wedge y)) \wedge (y \vee 0) = (x \vee (x \wedge y) \wedge y) \vee (x \vee (x \wedge y) \wedge 0)$$

6.5 Wie lautet das *de Morgansche Gesetz?*

6.6 Was ist eine *Tautologie*? Was versteht man unter einer *Kontradiktion*?

6.7 Geben Sie bei den folgenden Sätzen an, ob es sich um eine Tautologie, eine Kontradiktion, um beides oder um keines von beiden handelt! Verwenden Sie zur Überprüfung eine Wahrheitstabelle!

a. $x \Rightarrow (x \vee y)$

b. $x \vee (\neg x \wedge y)$

c. $(x \vee (x \wedge y)) \wedge \neg x$

Dabei steht $(x \Rightarrow y)$ für die *Implikationsfunktion.* Aus x wird y impliziert.

6.8 Überprüfen Sie die Äquivalenz der folgenden beiden Sätze

a. durch algebraische Umformungen und

b. mit Hilfe von Wahrheitstabellen.

$(x \vee (x \vee y)) \vee (y \vee 0)$

$((x \vee (x \wedge y) \wedge y)) \vee (x \vee (x \wedge y) \wedge 0)$

6.9 Vereinfachen Sie mit Hilfe der Gesetze der Booleschen Algebra die folgende Funktion:

$$\begin{aligned} f(a, b, c, d) = &(\neg a \wedge b \wedge c \wedge d) \vee \\ &(a \wedge \neg b \wedge \neg c \wedge \neg d) \vee \\ &(a \wedge \neg b \wedge c \wedge d) \vee \\ &(\neg a \wedge b \wedge \neg c \wedge \neg d) \end{aligned}$$

6.10 Erläutern Sie die folgenden Begriffe:

a. *Vollform*

b. *Minterm* (*Vollkonjunktion*)

c. *Maxterm* (*Volldisjunktion*)

6.11 Im Betrachtungsraum seien die Variablen x, y und z definiert. Geben Sie für die folgenden Ausdrücke jeweils an, ob es sich um einen Minterm, einen Maxterm, um beides oder um keines von beiden handelt.

a. $\neg x \wedge z \wedge \neg y$

b. $y \vee \neg x \vee z$

c. $\neg x \vee \neg y$

6.12 Beschreiben Sie die folgenden Begriffe:

a. *disjunktive Normalform*

b. *konjunktive Normalform*

6.13 Nennen Sie die Schritte, die bei der Konstruktion der

a. *disjunktiven Normalform*

b. *konjunktiven Normalform*

einer Funktion durchzuführen sind!

6.14 Bilden Sie für die Funktion $(\neg\, x \wedge (y \Rightarrow z))$

a. die disjunktive Normalform

b. die konjunktive Normalform

6.15 Eine Beleuchtungsanlage soll von drei verschiedenen Stellen aus mit einem einpoligen Schalter, der auf eine Steuerung einwirkt, betätigt werden können. Wenn alle Schalter ausgeschaltet sind, soll das Licht nicht eingeschaltet sein. Bei ungeradzahliger Anzahl von eingeschalteten Schaltern soll die Beleuchtung eingeschaltet sein. Wie lautet die Funktionsgleichung für eingeschaltetes Licht?

6.16 Nennen Sie die Schritte, die Sie bei der Vereinfachung von Funktionen mit dem Verfahren nach *Quine und McCluskey* durchführen müssen, wenn Sie eine allgemeine Boolesche Funktion vereinfachen wollen!

6.17 Nennen Sie die Schritte, die Sie bei der Vereinfachung von Funktionen mit dem Verfahren nach *Karnaugh und Veitch (KV-Verfahren)* durchführen müssen, wenn Sie eine allgemeine Boolesche Funktion vereinfachen wollen!

6.18 Welchen wesentlichen Vorteil bietet das Vereinfachungsverfahren nach Quine-McCluskey gegenüber dem mittels Karnaugh-Veitch-Diagrammen (KV-Diagramme)? Welchen Vorteil bieten Karnaugh-Veitch-Diagramme?

6.19 Vereinfachen Sie die folgenden Ausdrücke

a. mit dem Verfahren nach Karnaugh und Veitch und

b. mit dem Verfahren nach Quine und McCluskey.

1. $$\begin{aligned} f(a,b,c,d) = {} & (a \wedge b \wedge c \wedge \neg d) \vee \\ & (a \wedge b \wedge \neg c \wedge d) \vee \\ & (a \wedge b \wedge \neg c \wedge \neg d) \vee \\ & (a \wedge \neg b \wedge c \wedge \neg d) \vee \\ & (a \wedge \neg b \wedge \neg c \wedge \neg d) \vee \\ & (\neg a \wedge \neg b \wedge c \wedge d) \vee \\ & (\neg a \wedge \neg b \wedge c \wedge \neg d) \end{aligned}$$

2. $$\begin{aligned} f(a,b,c,d) = {} & (\neg a \wedge c) \vee \\ & (\neg a \wedge \neg c \wedge \neg d) \vee \\ & (a \wedge \neg b \wedge c \wedge \neg d) \vee \\ & (a \wedge b \wedge \neg d) \end{aligned}$$

Aufgaben zu Kapitel 7: Fuzzy-Logik

7.1 Benennen Sie drei Verfahren der *Defuzzyfizierung*.

7.2 Die Schwerpunktmethode bei der Defuzzyfizierung liefert einen scharfen Wert (engl.: crisp value) durch Berechnung der Koordinaten des Flächenschwerpunktes der Zugehörigkeitsfunktion des „fuzzy result" am Ausgang der „Inference engine". Erläutern Sie den Begriff „Schwerpunkt".

7.3 Welchen Nachteil weist die Maximum-Mittelwert-Methode bei der Defuzzyfizierung auf?

7.4 Ermitteln Sie graphisch den scharfen Wert der Ausgangsgröße für den folgenden Verlauf der Zugehörigkeitsfunktion des „fuzzy result" nach dem Maximum-Mittelwert-Verfahren. Warum erweist sich in diesem Fall dieses Defuzzyfizierungsverfahren als besonders ungünstig?

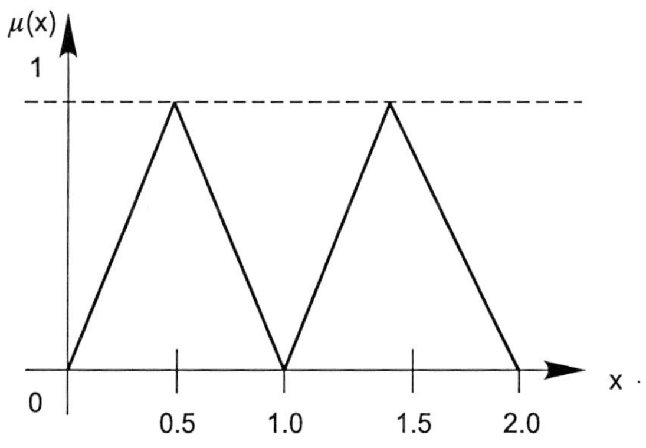

7.5 Was versteht man unter *Inferenz*?

7.6 Benennen Sie zwei Entscheidungsstrategien, die in einer „*Inferenz engine*" implementiert werden können.

7.7 Geben Sie die grundsätzliche Struktur einer Regel R_k in einer Regelbasis (engl.: rule base) an. In welcher Weise werden dabei Prämissen (p_k) und Konklusionen (c_k) miteinander verknüpft?

7.8 Die Fuzzyfizierung einer Eingangsgröße x soll mit Hilfe eines normierten Fuzzy-Sets durchgeführt werden. Der Verlauf der Zugehörigkeitsfunktionen $\mu(x)$ ist im Rechner tabellarisch wie folgt hinterlegt:

	0	1	2	3	4	5	6	7	8
V	1	0	0	0	0	0	0	0	0
PK	0	1	1	0.5	0	0	0	0	0
PM	0	0	0	0.5	1	0.5	0	0	0
PG	0	0	0	0	0	0.5	1	1	1

Zeichnen Sie den Verlauf der Zugehörigkeitsfunktionen für die Fuzzy-Sets V (verschwindend), PK (positiv klein), PM (positiv mittel) und PG (positiv groß) und bestimmen Sie die Zugehörigkeitsmaße für den Eingangswert $x = 3.5$.

Aufgaben zu Kapitel 8: Logische Schaltungen

8.1 Was versteht man unter *positiver* bzw. *negativer Logik*?

8.2 Welche Funktion besitzt ein *Codierer*?

8.3 Welche Funktion besitzt ein *Decodierer*?

8.4 Welche Funktion besitzt ein *Multiplexer*?

8.5 Welche Funktion besitzt ein *Demultiplexer*?

8.6 Wie kann man auf einfachste Art und Weise unter ausschließlicher Verwendung eines Demultiplexers einen Decodierer realisieren?

8.7 Wieviele Steuereingänge benötigt ein Decodierer, wenn mit ihm 10 Ausgänge angesteuert werden sollen? Wieviele Ausgänge können maximal mit diesem Decodierer angesteuert werden?

8.8 Wieviele Steuereingänge benötigt ein Multiplexer, mit dem aus 10 Leitungen genau eine ausgewählt werden soll? Wieviele Eingangsleitungen kann dieser Multiplexer maximal bedienen?

8.9 Welchen Vorteil haben Sie, wenn für bestimmte Eingangskombinationen in der Wahrheitstabelle *don't care*-Bedingungen auftreten?

8.10 Was zeichnet *sequentielle Schaltungen* aus?

8.11 Welche Arten von *sequentieller Logik* werden unterschieden? Beschreiben Sie diese kurz?

8.12 Welcher Nachteil ist beim D-Flip-Flop gegenüber dem RS-Flip-Flop beseitigt?

8.13 Welcher Nachteil ist beim JK-Flip-Flop gegenüber dem RS-Flip-Flop beseitigt?

8.14 Was versteht man unter *einem flankengetriggerten* Bauteil?

8.15 Geben Sie die Wahrheitstabelle und das Schaltsymbol für

a. ein JK-Flip-Flop,
b. ein D-Flip-Flop,
c. und ein RS-Flip-Flop an!

8.16 Welche Funktion haben *Register*?

8.17 Beschreiben Sie den gravierenden Nachteil eines *Asynchronzählers*!

8.18 Was ist der Unterschied zwischen 1 kB und 1 KB?

8.19 Welche zwei Klassen von RAM-Bausteinen gibt es? Welche wesentlichen Unterschiede bestehen zwischen ihnen?

8.20 Was unterscheidet einen ROM- von einem RAM-Baustein?

8.21 Welche Arten von Bausteinen kennen Sie, die in ihrer Bezeichnung „ROM" enthalten? Geben Sie jeweils eine kurze Erläuterung an!

8.22 Nennen Sie vier Darstellungsformen von Booleschen Funktionen!

8.23 Geben Sie für die folgenden Schaltungen jeweils

a. die entsprechende Boolesche Funktion,
b. die entsprechende Wahrheitstabelle und
c. eine Umschreibung der Funktion an!

1.

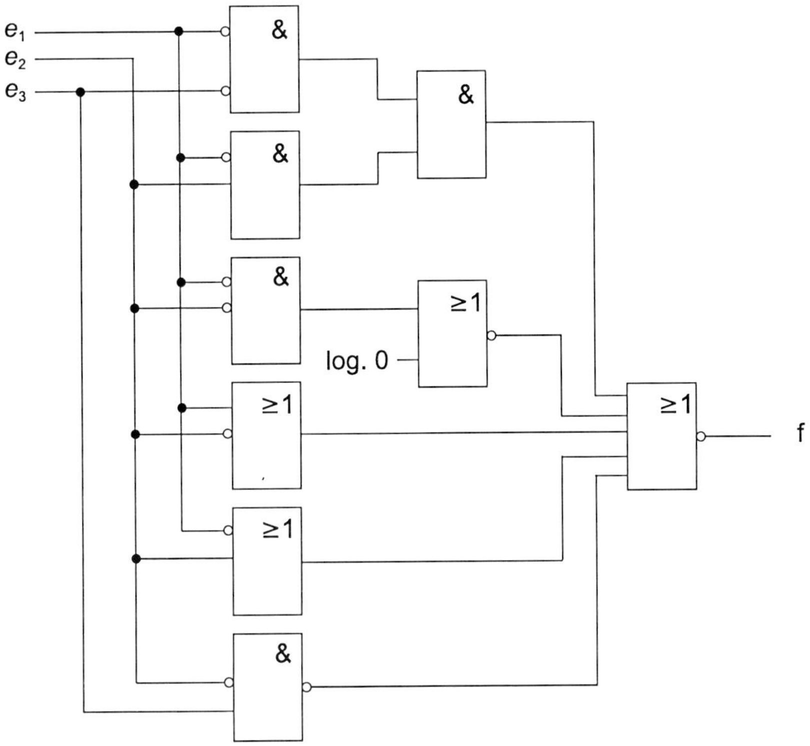

2.

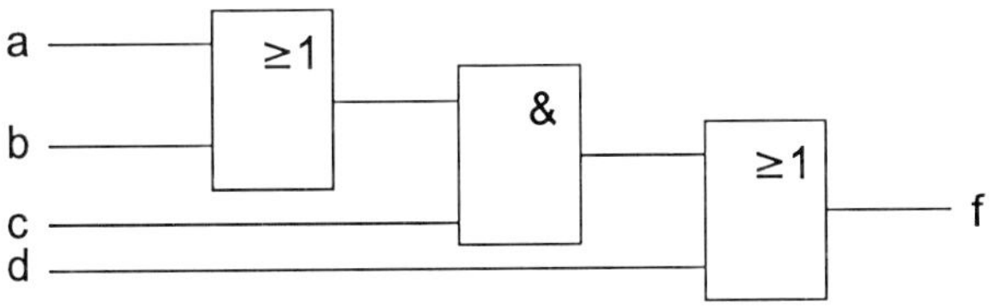

8.24 Drei Variablen a, b und c sollen zu einer Ausgangsgröße f so miteinander verknüpft werden, daß für eine geradzahlige Anzahl von Variablen, die den Wert 1 annehmen, die Ausgangsgröße $f = 1$ wird.

a. Geben Sie die Wahrheitstabelle für diese Schaltung an!

b. Zeichnen Sie die Schaltung! Verwenden Sie nur Gatter der Typen $\wedge$, $\vee$, $\neg$!

8.25 Wie kann man feststellen, ob eine Menge von Bits eine gerade oder ungerade Anzahl von Einsen enthält, wenn man nur Antivalenzgatter verwenden darf?

8.26 Ein PC sei über die serielle Schnittstelle mit einer „Black Box" verbunden. Diese „Black Box" arbeitet wie eine elektronische Weiche; diese erlaubt, eine Ausgabe vom PC entweder auf ein peripheres Gerät #1 oder #2 auszugeben. Die Lage der „elektronischen Weiche" wird über den Control-Eingang gesteuert. Erfolgt die Ausgabe auf Gerät #1, solle an Gerät #2 eine logische Null liegen und umgekehrt. Bestimmen Sie die Innenschaltung der „Black Box" und verwenden Sie dafür die UND- und die NEGATIONs-Operation.

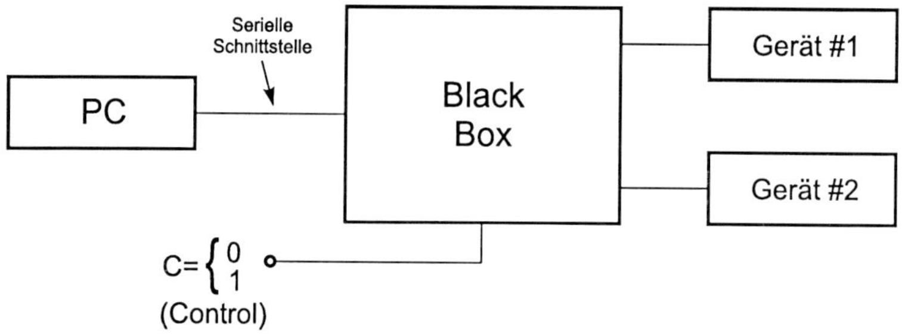

Aufgaben zu Kapitel 9: Mikroprozessoren

9.1 Aus welchen Teilen setzt sich das *Zustandsdiagramm eines Automaten* zusammen?

9.2 Was zeichnet einen Automaten als *endlichen* Automaten aus?

9.3 Was zeichnet einen Automaten als *deterministischen* Automaten aus?

9.4 Geben Sie einen endlichen, deterministischen Automaten an, der beliebige Binärworte mit einer geraden Anzahl von Einsen akzeptiert, wobei die Binärworte mindestens zwei Einsen enthalten müssen!

9.5 Nennen Sie einige wesentliche Komponenten eines *Prozessors*!

9.6 Was versteht man unter einem *Bus*?

9.7 Welche Aufgabe hat ein *Bus Arbiter*?

9.8 Benennen Sie drei *Status-Anzeigen* bei einer Arithmetik-Logik-Einheit (ALU).

9.9 Nennen Sie die wichtigsten Vor- und Nachteile der Verwendung von *Micro-Programmierung* zur Realisierung einer Funktion, anstatt diese Funktion in Hardware zu realisieren!

9.10 Was versteht man unter einem Micro-Prozessor?

9.11 Ein Teil der *Control Unit* erzeugt phasenverschobene Taktsignale zur Steuerung der verschiedenen Komponenten der ALU. Erläutern Sie die Funktion dieser Taktsignale (engl.: trigger)!

9.12 Welche Aufgabe hat die *Control Unit* als Bestandteil der ALU?

Aufgaben zu Kapitel 10: Computersysteme

10.1 Erklären Sie kurz den Zusammenhang zwischen *Micro-Instruktionen* und *Maschinenbefehlen*!

10.2 Geben Sie eine grobe Beschreibung eines Micro-Programms zur *Maschinencodeinterpretation*!

10.3 Nennen Sie die wichtigsten Klassen von Operationen in Maschinensprachen!

10.4 Was ist der Unterschied zwischen *independent I/O (isolated I/O)* und *memory mapped I/O*?

10.5 Welche Aktionen löst ein *Call-Subroutine-Befehl* auf Micro-Code-Ebene aus?

10.6 Welche Aktionen löst ein *Return-from-Subroutine-Befehl* auf Micro-Code-Ebene aus?

10.7 Welchen Unterschied können Sie zwischen *Subroutine-Calls* und *Interrupts* feststellen?

10.8 Was ist eine *Interrupt Service Routine* (ISR)? Wann wird sie ausgeführt?

10.9 Was ist ein *Trap*?

10.10 Welche Ereignisse können einen Interrupt auslösen? Geben Sie jeweils ein Beispiel an!

10.11 Nennen Sie die wichtigsten Operationen, die für einen *Stack* definiert sind! Geben Sie jeweils eine kurze Beschreibung an!

10.12 In welcher Weise findet ein Stack bei einem Subroutine-Call und -Return Verwendung?

10.13 Nennen Sie die *Adressierungsarten,* die Sie kennen!

10.14 Erläutern Sie die

a. *direkte,*

b. *indirekte,*

c. *register-indirekte* und

d. *program-counter relative*

Adressierung!

10.15 Geben Sie einige Quellen für Probleme, die beim *Instruction-Pipelining* auftreten, an?

10.16 Beschreiben Sie die „*von Neumann-*“ und die „*Harvard-Architektur*“! Geben Sie auch schematische Darstellungen der beiden Architekturen an!

10.17 Welchen Vorteil besitzt die „Harvard-Architektur“ gegenüber der „von Neumannschen“, und wo wird dieser genutzt?

10.18 Nennen Sie die zwei wichtigsten Klassen, in die Prozessor-Architekturen nach der Art ihres Befehlssatzes eingeteilt werden! Wo liegen die Hauptunterschiede zwischen diesen beiden?

10.19 Welchen Vorteil bietet ein *Interleaved Memory* gegenüber einer herkömmlichen, linearen Speicherorganisation in Verbindung mit dem Instruction-Pipelining? Begründen Sie Ihre Antwort!

10.20 Wie ist ein *zweifach Interleaved Memory* organisiert?

10.21 Welchen Vorteil bieten *Cache-Speicher*? Wie sind sie in die *Speicherhierarchie* einzuordnen?

10.22 Erklären Sie kurz die Funktion eines Cache-Speichers!

10.23 Beschreiben Sie kurz die drei im Buch „Informatik“ erklärten Methoden, wie in einer Rechnerarchitektur mit Cache Schreiboperationen ausgeführt werden!

10.24 Die Effizienz eines Cache-Speichers ist von seiner Trefferrate (engl.: *hit rate*) abhängig. Die Trefferrate gibt den Anteil an erfolgreichen

Cache-Zugriffen an und liegt normalerweise zwischen 40 % und 95 %. Geben Sie eine Abschätzung für den durchschnittlichen Wert der Speicher-Zugriffszeit an, wenn t_{cache} die Zugriffszeit auf das Cache, t_{main} die Zugriffszeit auf den Hauptspeicher und h die Trefferrate sind!

10.25 Geben Sie jeweils die gravierenden Vor- und Nachteile für die drei Methoden, bei Caches Daten zu schreiben, an!

10.26 Was versteht man unter *DMA,* und warum wird er praktiziert?

10.27 Nennen Sie die zwei Arten von DMA!

10.28 Was ist ein *Controller*? Geben Sie einige Beispiele an!

10.29 Beschreiben Sie die Arbeitsweise eines *Abtast-* und *Halteverstärkers* (engl.: *sample & hold)*!

10.30 Erläutern Sie die Funktion eines *Multimediaprozessors*!

10.31 Nennen Sie einige wichtige Arten *externer Speicher*!

Aufgaben zu Kapitel 11: Prozesse

11.1 Erläutern Sie den Begriff der *Device-Unabhängigkeit* am Beispiel des Standard Input Files!

11.2 Erläutern Sie den Begriff der *Device-Unabhängigkeit* am Beispiel des Standard Output Files!

11.3 Welcher Zusammenhang besteht zwischen den Begriffen *Prozeß* und *Programm*?

11.4 Was versteht man unter einem *Prozeß*?

11.5 Was versteht man unter *expliziter Parallelität*?

11.6 Was versteht man unter *impliziter Parallelität*?

11.7 Geben Sie ein Beispiel für eine *Prozeßhierarchie* bei einem Timesharing-System mit zwei Terminals an!

11.8 Was versteht man unter *Prozeß-Scheduling*? Wie hängt dieses mit dem *Dispatching* zusammen?

11.9 Kann ein Prozeß sich selbst vom Zustand BLOCKED nach READY versetzen? Begründen Sie Ihre Antwort!

11.10 Skizzieren Sie einen endlichen Automaten mit den Prozeßzuständen und den möglichen Zustandsübergängen, wie sie im Buch „Informatik“ beschrieben sind!

11.11 Gibt es einen Zustandsübergang (engl.: *state transition*) von READY nach BLOCKED? Begründen Sie Ihre Antwort!

11.12 Kann ein Prozeß „von außen“ (also nicht durch eine eigene Aktivität) vom Zustand READY nach BLOCKED versetzt werden?

11.13 Ist ein direkter Übergang zwischen den Prozeßzuständen RUNNING und SUSPENDED-READY möglich? Begründen Sie Ihre Antwort!

11.14 Ist ein direkter Übergang zwischen den Prozeßzuständen RUNNING und SUSPENDED-BLOCKED möglich? Begründen Sie Ihre Antwort!

11.15 Geben Sie die wichtigsten Einträge an, die üblicherweise im *Prozeß Descriptor* eines Prozesses stehen!

11.16 Was versteht man unter dem *Context* eines Prozesses? (Hinweis: Denken Sie an die Begriffe *Context-Save* und *Context-Switch*).

11.17 Was versteht man unter dem *Scheduling mit mehreren Ebenen*?

11.18 Geben Sie ein Beispiel für ein Scheduling mit mehreren Ebenen an!

11.19 Geben Sie fünf Anforderungen an Scheduling-Algorithmen an!

11.20 Geben Sie zwei verschiedene Scheduling-Verfahren für das Prozeß-Scheduling an (bitte nicht nur die Abkürzungen angeben)!

11.21 Beschreiben Sie das *Round Robin Scheduling* auf einem System mit nur einem Prozessor!

11.22 Beschreiben Sie das *Static Priority Scheduling* auf einem System mit nur einem Prozessor!

11.23 Durch welche direkten Zustandsübergänge welches Prozesses kann beim Static Priority Scheduling, auf einem System mit nur einem Prozessor, ein anderer Prozeß RUNNING werden?

11.24 Welche zwei (einander beeinflussende) Gefahrenmomente birgt das Static Priority Scheduling? Begründen Sie Ihre Antwort!

11.25 Was versteht man unter *adaptiven Scheduling-Strategien*?

11.26 Welche beiden Probleme sollte eine gute Scheduling-Strategie auf der Basis dynamischer Prioritäten lösen?

11.27 Wie funktioniert im Prinzip das *Dynamic Priority Scheduling* mittels einer linearen Prioritätsfunktion?

11.28 Was versteht man unter einem *Thread*?

11.29 Was versteht man unter *Multi-Threading*?

11.30 Was versteht man unter *Thread-Management*?

11.31 Haben alle Threads vollständigen Zugriff auf Programm- und Datenbereiche (engl.: *Sharing*)? Begründen Sie Ihre Antwort!

11.32 Existieren Schutzmechanismen zwischen den Threads?

Aufgaben zu Kapitel 12: Speicherverwaltung

12.1 Was versteht man unter virtuellen Speichertechniken?

12.2 Nennen Sie zwei Segmente, aus denen sich ein ausführbares Maschinenprogramm normalerweise zusammensetzt.

12.3 Zu welchem Zeitpunkt erfolgt die Zuordnung von virtuellen Adressen zu den Instruktionen und Daten? Wann erfolgt dies für die physikalischen Adressen?

12.4 Was versteht man unter *Binding*?

12.5 Warum ist das Binding bei Rechnern mit Multiprocessing-Fähigkeit ein Problem, während es auf Systemen, die keine parallele Prozesse unterstützen (z.B. MS-DOS; MS-DOS ist ein eingetragenes Warenzeichen der Microsoft Corporation), einfach ist?

12.6 Wogegen soll eine gute Memory-Protection Schutz bieten?

12.7 Beschreiben Sie die Arbeitsweise eines statischen Linkers.

12.8 Wie funktioniert das dynamische Linken (Runtime Linker)?

12.9 Welche Nachteile des statischen Linkens werden durch das dynamische Linken vermieden?

12.10 Welches Problem mit linearen (eindimensionalen) Adreßräumen wird durch zweidimensionale Adreßräume vermieden?

12.11 Skizzieren Sie (ähnlich wie im Buch „Informatik“) das Prinzip eines zweidimensionalen Adreßraumes.

12.12 Nennen Sie zwei Techniken der virtuellen Speicherverwaltung.

12.13 Was versteht man unter einem *reentranten* Programm?

12.14 Auf welcher Basis kann das Binding bei Swapping erfolgen?

12.15 Beschreiben Sie das Prinzip des *Swappings*!

12.16 Nennen Sie zwei Maßnahmen für die *Memory Protection*.

12.17 Nennen Sie drei Verfahren zur variablen Partitionierung des physikalischen Speichers (also dem „Suchen" nach freien Speicherbereichen).

12.18 Welche Nachteile hat die variable Partitionierung eines Speichers?

12.19 Welche Möglichkeiten zur Milderung der Auswirkungen der External Fragmentation bei variabler Partitionierung eines Speichers gibt es?

12.20 Nennen Sie die Vor- und Nachteile des *Swappings*.

12.21 Erläutern Sie das Prinzip des *Pagings*!

12.22 Was ist unter der Lokalität der Referenzen (zeitlich und örtlich) im Zusammenhang mit Paging zu verstehen?

12.23 Welche empirische Tatsache stützt die Erfahrung, daß das Working-Set eines Prozesses im allgemeinen wesentlich kleiner als dessen gesamte Größe ist?

12.24 Was versteht man unter *Trashing*?

12.25 Wodurch wird ein *Page-Fault* beim Paging ausgelöst?

12.26 Nennen Sie vier Techniken für das Page-Replacement beim Paging.

12.27 Durch die Beobachtung welches Parameters kann bei globalen Replacement-Strategien die ungefähre Größe der Working-Sets von Prozessen erfaßt und zur Abschätzung der benötigten Page-Frames herangezogen werden?

12.28 Skizzieren Sie das Prinzip des *Bindings* beim Paging?

12.29 Was versteht man unter *Demand Paging*? Was ist das *Anticipate Paging*?

12.30 Nennen Sie Vor- und Nachteile des *Pagings*.

12.31 Welchen Hauptnachteil hat die reine *Segmentierung*?

Aufgaben zu Kapitel 13: Interprozeß-Kommunikation

13.1 Was versteht man unter *Interprozeß-Kommunikation*?

13.2 Was sind *Race Conditions*?

13.3 Können Race Conditions auf einem multiprocessingfähigen Computersystem mit nur einem Prozessor auftreten? Begründen Sie Ihre Antwort!

13.4 Erläutern Sie das Prinzip des *Spoolings*!

13.5 Welchen Hauptvorteil bietet der Spooling-Betrieb gegenüber der direkten Verwendung eines Druckers?

13.6 Geben Sie ein Beispiel für eine *Deadlock-Situation*!

Aufgaben zu Kapitel 14: Netzwerke

14.1 Was versteht man unter einem LAN?

14.2 Was versteht man unter einem WAN?

14.3 Erläutern Sie den Begriff *Point-to-Point Subnet*!

14.4 Welche Funktionalität hat der *Physical Layer* (Layer 1) im OSI Reference Modell?

14.5 Welche Funktionalität hat der *Data Link Layer* (Layer 2) im OSI Reference Modell?

14.6 Welche Maßnahmen werden vom *Error Control* im Data Link Layer durchgeführt?

14.7 Welche Hauptaufgabe hat der *Network Layer* (Layer 3) im OSI-Reference Modell?

14.8 Erläutern Sie den Begriff *Accounting* als Teilfunktionalität des Network Layers!

14.9 Erläutern Sie das Zugriffsverfahren *Carrier Sense Multiple Access with Collision Detection* (CSMA/CD nach IEEE 802.3).

14.10 Erläutern Sie den Kommunikationsablauf beim *Token-Ring*!

Aufgaben zu Kapitel 15: Betriebssystem-Struktur

15.1 Was versteht man unter einem *Betriebssystemkern*?

15.2 Benennen Sie die wichtigsten Schichten eines *traditionellen Schichtenmodells* für ein Betriebssystem?

15.3 Skizzieren Sie ein traditionelles Schichtenmodell für ein Betriebssystem (wie es im Lehrbuch „Informatik“ eingeführt wurde)!

15.4 Welche Ereignisse lösen Aktivitäten des Betriebssystems aus?

15.5 Was versteht man unter einem *Trap*?

15.6 Beschreiben Sie die Funktion eines *Remote Procedure Calls* (RPCs)!

15.7 Der derzeitige Trend bei modernen Betriebssystemen geht dahin, möglichst viele Aufgaben aus den hochprivilegierten Bereichen auszulagern mit dem Ziel, einen kleinen Kernel des Betriebssystems zu erhalten. Benennen Sie drei solcher Aufgaben!

15.8 Warum werden in modernen Betriebssystemen Funktionen des Kernels in Hardware realisiert? Geben Sie ein Beispiel an!

Aufgaben zu Kapitel 16: Resource-Management

16.1 Was versteht man unter *Type Management*?

16.2 Benennen Sie zwei Speichermethoden für die *Protection Matrix* und erläutern Sie diese!

16.3 Erläutern Sie allgemein den Begriff der *Device-Unabhängigkeit*!

16.4 Wie wird die Position eines Files im *Directory Tree* angegeben?

16.5 Erläutern Sie den Begriff *Current Directory*!

16.6 Was versteht man unter einem *relativen Pfadnamen*?

16.7 Im Rahmen des *Disk Managements* gibt es verschiedene Strategien des *Disk Scheduling*. Erläutern Sie allgemein den Begriff des Disk Schedulings und geben Sie eine Lösung an, wenn z.B. nacheinander drei Aufträge an das Betriebssystem ergehen, auf verschiedene Spuren der Hard-Disk zuzugreifen (z.B. Spur 78, Spur 4, Spur 50).

16.8 Wozu dient eine *Segmentliste* für die Verwaltung eines Files?

16.9 Was versteht man unter *Anticipatory Fetch*?

16.10 Wie unterscheiden sich bei Zeicheneingabe der *Insert Mode* vom *Overstrike Mode*?

16.11 Nennen Sie vier notwendige Bedingungen für die Entstehung eines *Deadlocks*!

Aufgaben zu Kapitel 17: Human Interface

17.1 Welche Aufgaben hat das *Human Interface* in einem Computersystem?

17.2 Erläutern Sie die Funktionalität von *hierarchischen User-Ids*!

17.3 Was versteht man unter einem *Account*?

17.4 Welche Funktionalität bietet das *Logout*?

17.5 Welche Aufgaben werden durch die *Job Control Language* unterstützt?

Aufgaben zu Kapitel 18: Assemblersprachen

18.1 Erläutern Sie die Begriffe *Assemblersprache, Assembler* und *Disassembler*!

18.2 Was sind *Macros*?

18.3 Was ist der Hauptunterschied zwischen einer Maschinensprache und einer Assemblersprache ohne Macros?

Aufgaben zu Kapitel 19: Höhere Programmiersprachen

19.1 Nennen Sie wichtige *Konzepte* höherer Programmiersprachen.

19.2 Was versteht man unter *Portierung*?

19.3 Wie werden in den meisten höheren Programmiersprachen bedingte Sprünge durch IF-Anweisungen ausgedrückt?

19.4 Nennen Sie drei wesentliche Kontrollstrukturen in höheren (prozeduralen) Programmiersprachen.

19.5 Manche höheren Programmiersprachen kennen *CASE-Anweisungen.* Was versteht man unter einer *CASE-Anweisung*?

19.6 Die meisten Programmiersprachen enthalten sogenannte FOR-Schleifen als Mittel, eine Iteration zu unterstützen. Beschreiben Sie die Form einer FOR-Schleife.

19.7 Was versteht man unter einer *globalen Variablen*?

19.8 Nennen Sie die drei Arten der *Parameterübergabe,* die im Buch „*Informatik*“ beschrieben sind.

19.9 Im Inneren einer Routine wird ein Parameter als *Pointer* behandelt. Was versteht man in diesem Zusammenhang unter einem *Pointer*?

19.10 Welche Vorteile bietet in höheren Programmiersprachen das *Modularisierungskonzept*?

19.11 Was versteht man unter *Objektorientierung*?

19.12 Welche Möglichkeit bietet das Prinzip der *Vererbung* (engl.: inheritance)?

19.13 Welchen Vorteil bringt *objektorientiertes Programmieren*?

Lösungen zu Kapitel 1: Informationstheorie

1.1 Unter *Codierung* wird eine Abbildung von einer Sprache auf eine andere verstanden. Einzelne Zeichen oder Zeichenketten der Quellsprache werden dabei einzelnen Zeichen oder auch Zeichenketten der Zielsprache zugeordnet. Die Abbildung kann, muß aber nicht, umkehrbar eindeutig sein.

1.2 Man codiert Daten, um eine Darstellung derselben zu erhalten, die sich besonders gut – auf jeden Fall besser als die ursprüngliche Darstellung – für die Lösung eines bestimmten Problems eignet. Die Codierung der Daten von Personen z.B. durch ihre Sozialversicherungsnummern, die eindeutig sind, erleichtert unter anderem das Ausfüllen von Formularen. Eine Konto- oder Kreditkartennummer dient ebenfalls diesem Zweck.

1.3 Einige mögliche Codierungen von Studentendaten mit den erwünschten Eigenschaften sind:

a. Solch eine Codierung kann man erhalten, wenn man alle Studenten, die jemals immatrikuliert haben, durchnumeriert, und zwar unter Verwendung einer festen Anzahl von Ziffern. 000 000 001 würde dann den ersten Studenten kennzeichnen.

b. Eine Codierung dieser Art erhält man, wenn man die Nachnamen von Studenten als Codewörter verwendet und diese auf eine feste Anzahl von Stellen mit Leerzeichen auffüllt oder abschneidet, z.B. „MEIER   “.

c. Wie a, jedoch ohne feste Wortlänge, also 1 für den ersten Studenten und 100 für den hundertsten.

d. Wie b, jedoch ohne Auffüllen bzw. Abschneiden.

1.4 Die gefragten Eigenschaften der Codierungen sind in der folgenden Tabelle aufgelistet. Die letzte Codierung ist im weiteren Sinne nicht umkehrbar eindeutig, da bei längeren Nachrichten Mehrdeutigkeiten auftreten. Beispielsweise weiß man bei der Nachricht `0101010` nicht, ob sie aus *abbb* oder *ccca* entstanden ist. Eine eindeutige Codierung längerer Nachrichten ist also nicht möglich.

Codierung	umkehrbar eindeutig	feste Wortlänge
Morse-Code	ja	nein
LVAdaten $\uparrow$ LVAnr	ja*	ja
Telefonbuch	nein	nein
$a \rightarrow 0$, $b \rightarrow 10$, $c \rightarrow 01$	nein	nein

*) Zu jedem Zeitpunkt ist die Zuordnung von LVAdaten zu LVAnr eindeutig. Es kann sich jedoch über mehrere Semester der Vortragende einer Lehrveranstaltung ändern, ohne daß sich ihre Nummer ändert.

1.5 Ein *Binärcode* liegt dann vor, wenn das Zielalphabet der Codierung ein binäres Alphabet ist.

1.6 2^N, da jede Position in den Codewörtern eines von zwei Zeichen des binären Zielalphabets enthalten kann und somit 2^N verschiedene Codewörter existieren.

1.7 $M_{\min} = ld\,N$, wobei noch aufgerundet werden muß, da es nur ganzzahlige Anzahlen von Binärentscheidungen gibt.

1.8 *Bit* ist die Abkürzung für *binary digit.* Es ist die Einheit des Informationsgehalts und bezeichnet ein Zeichen eines Binäralphabets.

1.9 Der *Informationsfluß* ist die Menge der in einer bestimmten Zeit übertragenen Information. Seine Einheit ist Bit/s.

1.10 Die Lampe kann zwei Zustände annehmen: *leuchtend* oder *erloschen.* Somit erhält man bei jedem Hinsehen ein Bit an Information. Man sieht jede halbe Stunde hin, also alle 1800 Sekunden. Der Informationsfluß ist also 1 Bit / 1800 Sekunden = 0.00055556 Bit/s. Beachten Sie, daß wir hier von der Annahme ausgehen, daß der mittlere Informationsgehalt einer Nachricht, die wir von der Lampe bei jedem Hinsehen erhalten, 1 bit ist. Dies stimmt jedoch bei genauer Betrachtung der Auftrittswahrscheinlichkeiten der einzelnen Nachrichtenzeichen nicht (siehe nächstes Beispiel).

1.11 Im Gegensatz zur Annahme im letzten Beispiel haben leuchtende und erloschene Lampen unterschiedlichen Informationsgehalt. Bei einem gut gepflegten, intakten Auto erwartet man, daß diese Lampe praktisch nie leuchtet, d.h. die Auftrittswahrscheinlichkeit einer leuchtenden Lampe ist etwa 0 und jene der erloschenen Lampe nahezu 1. Somit ist der Informationsgehalt einer leuchtenden Lampe praktisch unendlich groß und jener der erloschenen etwa gleich 0.

1.12 $h = ld\left(\frac{1}{p}\right) = -ld\ p$

p ... Auftrittswahrscheinlichkeit eines Zeichens
Die Einheit des *Informationsgehalts* ist Bit.

1.13 $H = \sum_i p_i \cdot h_i = -\sum_i p_i \cdot ld\ p_i$

p_i ... Auftrittswahrscheinlichkeit des i-ten Zeichens
h_i ... Informationsgehalt des i-ten Zeichens
Die Einheit des *mittleren Informationsgehalts* ist Bit.

1.14 Die zwei Eigenschaften, die eine Funktion zur Berechnung des Informationsgehalts nach der Shannonschen Informationstheorie erfüllen soll, sind:

1. Der Informationsgehalt soll nur von der Wahrscheinlichkeit abhängen, mit der ein Zeichen gesendet wird, und nicht von der Art der Codierung. Häufig gesendete Zeichen sollen einen niedrigen Informationsgehalt haben, selten gesendete einen hohen.

2. Der Informationsgehalt einer aus mehreren (voneinander unabhängigen) Zeichen bestehenden Nachricht soll gleich der Summe der Informationsgehalte der einzelnen Zeichen sein.

1.15 $h = N$ bit, $H = N$ Bit

1.16 0, da die Information, die man durch den Artikel in einer Tabelle erhält, vom Wort ableitbar und damit redundant ist.

1.17 $P_{(dreimal\ Zahl)} = \frac{1}{2} \cdot \frac{1}{2} \cdot \frac{1}{2} = \frac{1}{8}$

Der Informationsgehalt einer Nachricht, die den Ausgang von drei Würfen beinhaltet, beträgt $3 \cdot I$.

1.18 Beachten Sie, daß Sie den logarithmus dualis von x als $ld\,x$ folgendermaßen berechnen können:

$$ld\ x = \frac{ln\ x}{ln\ 2} = \frac{log\ x}{log\ 2}$$

Diese Formel können Sie jederzeit leicht herleiten.

Es sei: $2^a = x$

$a \cdot ld\ 2 = ld\ x$ und $a \cdot ln\ 2 = ln\ x$

$\frac{ld\ 2}{ln\ 2} = \frac{ld\ x}{ln\ x}$ und $ld\ 2 = 1 \Rightarrow ld\ x = \frac{ln\ x}{ln\ 2}$

Weiter sollten Sie sich die wichtigsten ganzzahligen Zweierlogarithmen ($ld\ x$) – und damit die wichtigsten Zweierpotenzen – merken. Machen Sie sich am besten eine Tabelle, die so ähnlich wie die folgende aussieht:

$x = 2^y$	$ld\ x = y$
...	...
16	4
8	3
4	2
2	1
1	0
0.5	–1
0.25	–2
0.125	–3
0.0625	–4
...	...

1.19

	p	h
?	0.125	3
!	0.625	0.6780...
a	0.1	3.3219...
5	0.15	2.7369...

$$H = \sum_i p_i \cdot h_i = 1.5415...\ \text{Bit}$$

1.20 $L = \sum_i p_i \cdot l_i$

p_i ... Auftrittswahrscheinlichkeit des i-ten Zeichens
l_i ... Länge des dem i-ten Zeichen entsprechenden Codewortes
Die Einheit der *mittleren Wortlänge* ist Bit.

1.21 $R = L - H$ mit $R \geq 0$ und R ist eine reelle Zahl.
L ... Mittlere Wortlänge des Codes
H ... Mittlerer Informationsgehalt des Codes
Die Einheit der *Redundanz* ist Bit.

1.22 $r = \frac{R}{L}$

R ... Redundanz des Codes
L ... Mittlere Wortlänge des Codes
Die Einheit der *relativen Redundanz* ist 1 (ohne Einheit).

1.23 Eine Matrikelnummer besteht z.B. aus sieben Dezimalziffern. Für die Darstellung der 10 000 Studenten braucht man 4 Dezimalziffern (0000 .. 9999). Damit sind drei Dezimalziffern überflüssig, d.h.

$$R = 3 \cdot ld\ 10 \text{ Bit} \quad \text{und} \quad r = \frac{3 \cdot ld\,10}{7 \cdot ld\,10} = \frac{3}{7}.$$

1.24 7 (= *ld* 100 aufgerundet) Fragen. Die erste Frage lautet „ist die Zahl kleiner als 50?“. Die Fragen danach lauten so, daß die zu ihnen passenden Antworten entscheiden, in welcher Hälfte des jeweiligen Bereichs die Zahl liegt.

1.25 1.a Eine ganz grobe Schätzung für die Redundanz erhält man durch die Beobachtung, daß die Codewörter für die ersten 4 Zeichen des Codes (A-D Summe der Auftrittswahrscheinlichkeiten = 0.75) in den ersten vier Stellen übereinstimmen (1000xxx). Das heißt, in den meisten Fällen sind mindestens 4 Bit überflüssig. Durch die redundanzarme Codierung des Zeichens E wird die Gesamtredundanz gesenkt. Insgesamt ist also die Redundanz in der Nähe von 4.

Durch andere Überlegungen erhält man obere und untere Schranken für die Redundanz. Die ersten vier Zeichen könnte man mit 2 Bit codieren. 5 Bit sind also überflüssig. Da die Codierung von E diese Redundanz nur senken kann, ist 5 Bit eine obere Schranke für die Redundanz. Weiter kann man im Idealfall 5 Zeichen mit *ld* 5 Bit codieren. Aufgerundet sind das 3 Bit. Die mittlere

Wortlänge ist leicht zu berechnen und beträgt 5.5. Daraus folgt, daß (5.5 – 3) Bit = 2.5 Bit eine untere Schranke für die Redundanz ist. Die Redundanz liegt also zwischen 2.5 und 5 Bit.

	p_i	Codewort	h_i	$p_i \cdot h_i$	l_i	$p_i \cdot l_i$
A	0.25	1000001	2	0.5	7	1.75
B	0.25	1000010	2	0.5	7	1.75
C	0.125	1000011	3	0.375	7	0.875
D	0.125	1000100	3	0.375	7	0.875
E	0.25	0	2	0.5	1	0.25

1.b $H = \sum_i p_i \cdot h_i = 2.25\,Bit$

1.c $L = \sum_i p_i \cdot l_i = 5.5\,Bit$

1.d $R = L - H = 3.25\ Bit$

1.e $r = \frac{R}{L} = 0.5909...$

2.a

	p_i	Codewort	h_i	$p_i \cdot h_i$	l_i	$p_i \cdot l_i$
A	0.125	1001001	3	0.375	7	0.875
X	0.0625	1011010	4	0.25	7	0.4375
B	0.25	1011101	2	0.5	7	1.75
Y	0.0625	1001101	4	0.25	7	0.4375
G	0.5	0	1	0.5	1	0.5

2.b $H = \sum_i p_i \cdot h_i = 1.875\,Bit$

2.c $L = \sum_i p_i \cdot l_i = 4\ Bit$

2.d $R = L - H = 2.125\ Bit$

2.e $r = \frac{R}{L} = 0.53125$

Lösungen zu Kapitel 2: Codierungstheorie

2.1 Das Verfahren zur Erzeugung eines *Huffman-Codes* besteht aus den folgenden zwei Schritten:

1. Zunächst werden die beiden Zeichen mit den geringsten Auftrittswahrscheinlichkeiten zusammengefaßt. Seien diese a und b. Ab diesem Zeitpunkt werden a und b während der Codeerzeugung als *ein* Zeichen mit einer Auftrittswahrscheinlichkeit, die gleich der Summe ihrer Einzelwahrscheinlichkeiten ist, behandelt. Zur Unterscheidung der beiden Zeichen wird für a 0 und für b 1 gewählt (die Zuordnung ist willkürlich). Dadurch entsteht ein binärer Baum der Höhe 1, wobei ein Ast mit 0 und der andere mit 1 gekennzeichnet ist. Die Blätter des Baumes sind mit a und b und seine Wurzel mit dem neuen, durch die Zusammenfassung von a und b entstandenen Zeichen beschriftet.

2. Schritt 1 wird solange durchgeführt, bis durch die Zusammenfassung nur noch ein Zeichen übrig bleibt. Durch diese Vorgangsweise entsteht ein binärer Baum. Alle Blätter dieses Baumes sind mit Zeichen des Alphabets belegt. Die Äste des Baumes sind mit 0 und 1 beschriftet. Das Codewort für ein Zeichen des Alphabets ergibt sich aus der Liste der Bits, die sich entlang der Äste, die von der Wurzel des Baumes bis zum jeweiligen Blatt führen, befinden.

2.2 Diese Frage ist nicht eindeutig mit *ja* oder *nein* zu beantworten. Beide Codes sind einander in konzeptueller Hinsicht ähnlich. Bei beiden Codes treten die Zeichen nur an den Blättern auf (beachten Sie, daß das Pausezeichen beim Morse-Code als Zeichenterminator dient), beide sind Codierungen mit variabler Länge, und beide Codes versuchen, häufig auftretende Zeichen durch kürzere Codeworte darzustellen. Auf der anderen Seite handelt es sich beim Morse-Code um einen ternären Code (die Mächtigkeit des Zielalphabets ist drei). Insgesamt kann man festhalten, daß der Morse-Code große konzeptuelle Ähnlichkeiten zu einem Huffman-Code hat.

2.3 Die angegebenen Codes sind keine Huffman-Codes, da

a. nicht alle Zeichen als Blätter des Codebaumes auftreten (es sind auch nicht alle möglichen Blätter des Baumes besetzt) und

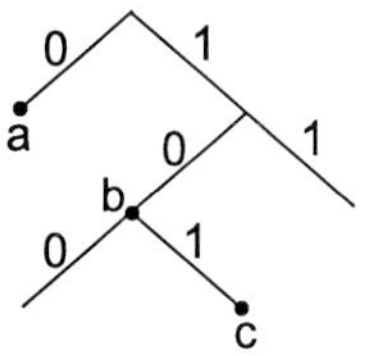

b. da die Zeichen mit kleinsten Auftrittswahrscheinlichkeiten nicht zusammengefaßt wurden.

2.4 Ja. Durch die gemeinsame Codierung ganzer Zeichenfolgen.

2.5 Ein *adaptiver Huffman-Code* ist ein Huffman-Code, bei dem der Codebaum nach einer gewissen Anzahl von übertragenen Zeichen sowohl beim Sender als auch beim Empfänger, unter Berücksichtigung der relativen Häufigkeit der zuvor tatsächlich übertragenen Zeichen, neu erstellt wird.

2.6 Eine hinreichende Bedingung für die Auftrittswahrscheinlichkeiten der Zeichen eines Codes, so daß die Redundanz des Codes gleich 0 ist, ergibt sich wie folgt:

$$R = L - H = \sum_i p_i \cdot l_i - \sum_i p_i \cdot h_i = \sum_i p_i \cdot (l_i - h_i)$$

Ist $l_i = h_i$ für alle i, so ist die obige Summe und die Redundanz gleich 0.

$$h_i = ld\left(\frac{1}{p_i}\right) \Rightarrow p_i = \frac{1}{2^{h_i}}$$

Ist $l_i = h_i \Rightarrow p_i = \frac{1}{2^{l_i}}$

Die Redundanz eines Codes ist gleich 0, wenn die Auftrittswahrscheinlichkeiten der einzelnen Zeichen gleich dem Kehrwert von 2 hoch der Länge des Codewortes für dieses Zeichen sind.

2.7 Die Bildung jeweils eines Huffman-Codes für die angegebenen Alphabete wird im folgenden dargestellt. Angegeben sind auch die Zwischenschritte dieses Vorgangs, wobei in jedem Zwischenschritt die linke Tabelle die Zusammenfassung der Zeichen mit den kleinsten Auftritts-wahrscheinlichkeiten darstellt.

a. 1. Schritt:

	p
a	0.25
b	0.25
f	0.25
e	0.125
cd	0.125

	Code
a	
b	
c	0
d	1
e	
f	

2. Schritt:

	p
a	0.25
b	0.25
f	0.25
cde	0.25

	Code
a	
b	
c	00
d	01
e	1
f	

3. Schritt:

	p
ab	0.50
f	0.25
cde	0.25

	Code
a	0
b	1
c	00
d	01
e	1
f	

4. Schritt

	p
ab	0.50
cdef	0.50

	Code
a	0
b	1
c	000
d	001
e	01
f	1

5. Schritt:

	p
abcdef	1.00

	Code
a	00
b	01
c	1000
d	1001
e	101
f	11

Für die Berechnung der Redundanz benötigen wir den Informationsgehalt h jedes Zeichens.

	p	h	Code
a	0.25	2	00
b	0.25	2	01
c	0.0625	4	1000
d	0.0625	4	1001
e	0.125	3	101
f	0.25	2	11

Die Redundanz ist gleich 0 bit, da $l = h$ für alle Zeichen (siehe letztes Beispiel).

b. 1. Schritt:

	p
k	0.50
l	0.25
i	0.125
h	0.0625
jm	0.0625

	Code
h	
i	
j	0
k	
l	
m	1

2. Schritt:

	p
k	0.50
l	0.25
i	0.125
hjm	0.125

	Code
h	0
i	
j	10
k	
l	
m	11

3. Schritt:

	p
k	0.50
l	0.25
hijm	0.25

	Code
h	10
i	0
j	110
k	
l	
m	111

4. Schritt:

	p
k	0.50
hijlm	0.50

	Code
h	110
i	10
j	1110
k	
l	0
m	1111

5. Schritt:

	p
hijklm	1.00

	Code
h	0110
i	010
j	01110
k	1
l	00
m	01111

Für die Berechnung der Redundanz benötigen wir den Informationsgehalt h jedes Zeichens.

	p	h	Code
h	0.0625	4	0110
i	0.125	3	010
j	0.03125	5	01110
k	0.5	1	1
l	0.25	2	00
m	0.03125	5	01111

Die Redundanz ist gleich 0 bit, da $l = h$ für alle Zeichen (siehe letztes Beispiel).

Bemerkung: Versuchen Sie zur weiteren Übung und zur Veranschaulichung, Codebäume für die Codetabellen in den Zwischenschritten zu zeichnen.

2.8 Nein, da

1. die Zuordnung von Zeichen des Zielalphabets (0,1) zu den zwei Zeichen des Quellalphabets mit den kleinsten Auftrittswahrscheinlichkeiten willkürlich erfolgen kann und
2. wenn mehr als zwei Zeichen die kleinsten Auftrittswahrscheinlichkeiten haben, die Auswahl, welche zusammengefaßt werden sollen, willkürlich erfolgen kann.

2.9 Im folgenden ist für das angegebene Alphabet ein Huffman-Code, bei dem einzelne Zeichen codiert werden, und ein zweiter, bei dem Zeichenketten mit je zwei Zeichen codiert werden, angegeben.

	p	Code
a	0.4	`0`
b	0.6	`1`

	p	Code
aa	0.16	`00`
ab	0.24	`01`
ba	0.24	`10`
bb	0.36	`11`

$R_{vorher} = L - H =$

$$((1 \cdot 0.4 + 1 \cdot 0.6) - (0.4 \cdot ld(\frac{1}{0.4}) + 0.6 \cdot ld(\frac{1}{0.6}))) \text{ Bit} = 0.0290... \text{ Bit}$$

$R_{nachher} = (2 - 1.9419...)$ Bit $= 0.0580...$ Bit

Bei gemeinsamer Codierung ist die Redundanz größer, was nach den Angaben im Buch „Informatik" überraschend ist. Die gemeinsame Codierung von Zeichen bringt zwar im allgemeinen auch tatsächlich eine Redundanzreduktion mit sich. Hier haben wir es jedoch mit einem Grenzfall zu tun, bei dem die Granularität der Codierung (wir können keine halben Bits verwenden) eine Rolle spielt.

2.10 Bei *adaptiven Codes* bleibt die Codierung nicht für die gesamte Dauer einer Nachrichtenübertragung gleich. Sie wird nach jeweils einer bestimmten Anzahl von übertragenen Zeichen neu berechnet. Damit kann eine Anpassung der Codierung an die Häufigkeitsverteilung der Zeichen, die bei einer ganz bestimmten Übertragung auftreten, erfolgen.

Das arithmetische Codieren ist besonders gut für die Realisierung adaptiver Codes geeignet.

2.11 Die adaptive Codierung verhält sich wie folgt:

1. Neuberechnung: a → 01, b → 1, c → 00
2. Neuberechnung: a → 01, b → 1, c → 00
3. Neuberechnung: a → 01, b → 00, c → 1
4. Neuberechnung: a → 01, b → 00, c → 1

$L_{adaptiv}$ = 18 Bit (1. Block) + 16 Bit (2. Block) + 18 Bit (3. Block) + 12 Bit (4. Block) = 64 Bit

L_{normal} = 18 Bit (1. Block) + 17 Bit (2. Block) + 18 Bit (3. Block) + 19 Bit (4. Block) = 72 Bit

Bemerkung: Hier wurden die Codewörter bei einer Neuberechnung wenn möglich nicht verändert. Weiter existieren bei jeder Neuberechnung auch andere gleichwertige Codierungsmöglichkeiten.

2.12 Zur Berechnung der Intervalle können Sie die folgende Formel benutzen.

$x' = g_{untere} + (g_{obere} - g_{untere}) \cdot x$

g_{untere} ... die untere Grenze des Intervalls

g_{obere} ... die obere Grenze des Intervalls

x ... eine Intervallgrenze aus der Intervalltabelle, ihr Wert ist zwischen 0.0 und 1.0

x' ... die gesuchte Position, ihr Wert ist zwischen g_{untere} und g_{obere}

Beispiel: Wir wollen die untere Grenze von „t“ im dritten Schritt in diesem Beispiel berechnen. Dann gilt

$g_{untere} = 0.2,\quad g_{obere} = 0.26,\quad x = 0.5$

$x' = 0.2 + (0.26 - 0.2) \cdot 0.5 = 0.23$

1. Schritt: $0.2 \leq 0.23594315 < 0.5$ $\Rightarrow$ 1. Zeichen = g
2. Schritt: $0.2 \leq 0.23594315 < 0.26$ $\Rightarrow$ 2. Zeichen = u
3. Schritt: $0.23 \leq 0.23594315 < 0.236$ $\Rightarrow$ 3. Zeichen = t
4. Schritt: $0.2354 \leq 0.23594315 < 0.236$ $\Rightarrow$ 4. Zeichen = !

„!" ist Endekennung $\Rightarrow$ Die Nachricht lautet: *gut*

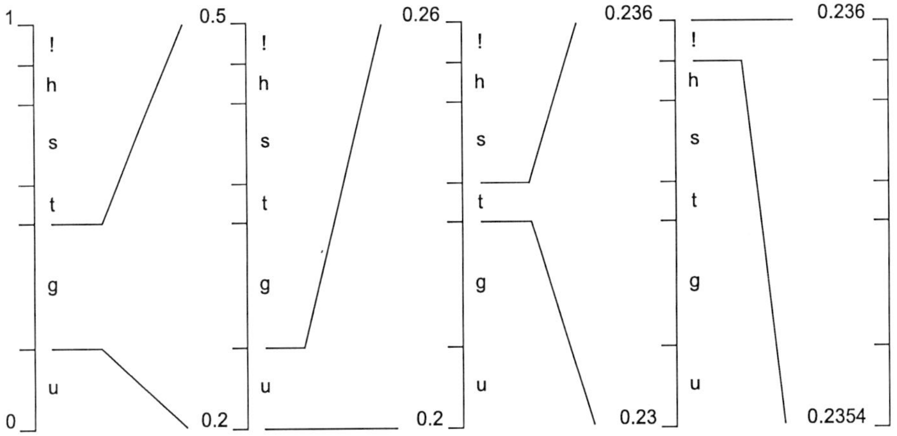

2.13 Wenn Sie sich an die Bemerkung in der Angabe halten, so erhalten Sie eindeutig die hier angegebenen Intervalle. Im allgemeinen ist jedoch die Zuordnung von Zeichen zu Intervallen nicht eindeutig, d.h. es gibt mehrere gleichwertige Zuordnungen.

a. Im folgenden bezeichnet I das gesuchte Intervall.

	p	Intervall
d	0.3	[0, 0.3)
e	0.4	[0.3, 0.7)
f	0.2	[0.7, 0.9)
!	0.1	[0.9, 1.0)

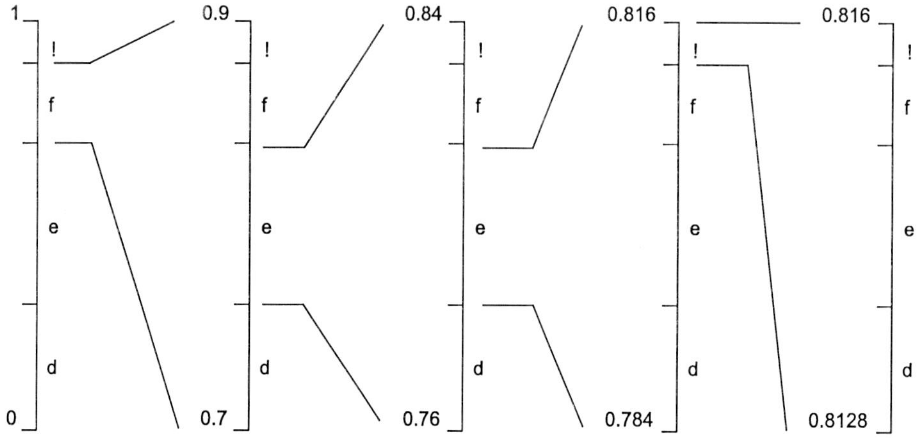

1. Zeichen = f ⇒ I ist in [0.7, 0.9)

2. Zeichen = e ⇒ I ist in [0.76, 0.84)

3. Zeichen = e ⇒ I ist in [0.784, 0.816)

4. Zeichen = ! ⇒ I ist in [0.8128, 0.816)

„!" ist Endekennung ⇒ I = [0.8128, 0.816)

b. Im folgenden bezeichnet I das gesuchte Intervall.

	p	Intervall
a	0.1	[0, 0.1)
!	0.25	[0.1, 0.35)
c	0.1	[0.35, 0.45)
d	0.1	[0.45, 0.55)
e	0.2	[0.55, 0.75)
f	0.25	[0.75, 1)

1. Zeichen = f ⇒ I ist in [0.75, 1)

2. Zeichen = a ⇒ I ist in [0.75, 0.775)

3. Zeichen = d ⇒ I ist in [0.76125, 0.76375)

4. Zeichen = e ⇒ I ist in [0.762625, 0.763125)

5. Zeichen = ! ⇒ I ist in [0.762675, 0.7628)

„!" ist Endekennung ⇒ I = [0.762675, 0.7628)

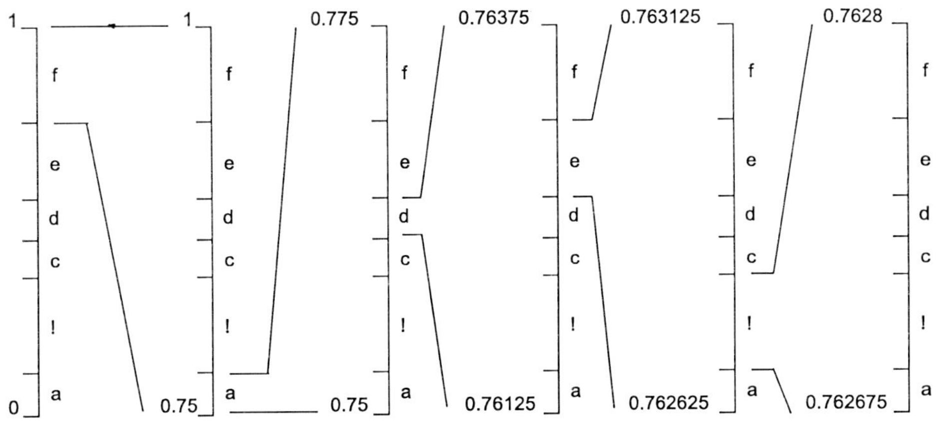

2.14 Einige Unterschiede zwischen dem *arithmetischen Codieren* und dem *Huffman-Codieren* sind:

1. Das arithmetische Codieren ist besser für das adaptive Codieren geeignet.
2. Beim arithmetischen Codieren werden ganze Worte verschlüsselt.
3. Aus Punkt 2 ergibt sich, daß beliebig kleine Redundanzen durch Verschlüsselung möglichst langer Nachrichten erzielt werden können.

2.15 Ein *fehlererkennender Code* beinhaltet in den Codewörtern redundante Zeichen des Zielalphabets, wobei diese aus den anderen Zeichen im Codewort berechnet werden. Dadurch können ein oder mehrere Fehler, also Änderungen von Zeichen im Codewort, beim Empfänger einer Nachricht erkannt werden. Dazu berechnet der Empfänger diese Prüfzeichen neu und vergleicht sie mit den empfangenen Prüfzeichen. Die Polynomcodierung erzeugt fehlererkennende Codes.

2.16 *Fehlerkorrigierende Codes* sind ähnlich aufgebaut wie fehlererkennende Codes, mit dem Unterschied, daß die Prüfzeichen so beschaffen sind, daß sie eine eindeutige Bestimmung der Position und der Art eines oder mehrerer Fehler ermöglichen. Beispielsweise erzeugt die Hamming-Codierung fehlerkorrigierende Codes.

2.17 Nein. Die Daten können nur durch zusätzliche, redundante Informationen in den Nachrichten gegen Übertragungsfehler geschützt werden, diese können jedoch ihrerseits bei der Übertragung verfälscht werden.

2.18 Die *Hammingdistanz zweier Codewörter* festgelegter Länge ist die Anzahl der Bits, an denen sich die Codewörter unterscheiden.

2.19 Die *Hammingdistanz eines Binärcodes* festgelegter Länge ist das Minimum der paarweisen Hammingdistanzen zwischen verschiedenen Codewörtern.

2.20 Bei einem Code mit der Hammingdistanz D ($D \geq 1$) können Störungen in bis zu $D - 1$ Bits erkannt werden. In dieser Aufgabe ist $D = k - 1$ ($k \geq 2$). Somit kann man $k - 2$ Übertragungsfehler erkennen.

2.21 Bei einem Code mit der Hammingdistanz $D = 2 \cdot n + 1$ ($n \geq 0$) kann man höchstens n Fehler korrigieren. In dieser Aufgabe ist $D = 2 \cdot k - 1$ ($k \geq 1$). Somit kann man $n = k - 1$ Übertragungsfehler korrigieren.

2.22 Eine mögliche Codierung lautet:

	Code
x	`001`
y	`111`

Tritt das Codewort `110` auf, so kann man es auf `111` korrigieren.
Tritt das Codewort `000` auf, so kann man es auf `001` korrigieren.
Tritt das Codewort `011` oder `101` auf, so ist eine Korrektur nicht möglich, da sie aus den Codewörtern für *x oder y* durch Verfälschung eines Bits entstanden sein können.

Die Abbildung unten versucht, den Begriff der Hammingdistanz zu veranschaulichen. Jede Stelle einer Binärcodierung mit fester Wortlänge kann als eine Dimension aufgefaßt werden. Bei drei Bits sind das drei Dimensionen. Durch diese Interpretation wird der Abstand zwischen den Codewörtern sichtbar. Die Verfälschung eines Bits bedeutet in dieser Interpretation das Vertauschen eines Codewortes durch ein anderes, das entlang einer Kante von diesem aus erreichbar ist. Die Verfälschung zweier Bits bedeutet das Vertauschen eines Codewortes durch ein anderes, das über genau zwei Kanten von diesem aus erreichbar ist.

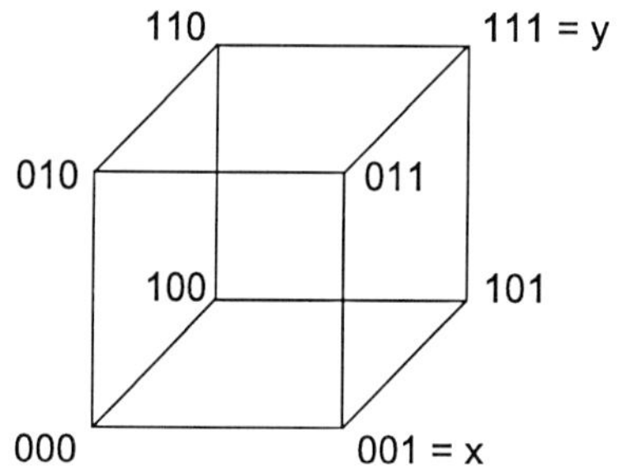

2.23 Die *Polynomcodierung* umfaßt die folgenden drei Schritte:

1. Sei r der Grad von $G(x)$. Man stelle W als Polynom $M(x)$ dar und hänge r Nullen an das rechte Ende von W an. Die Darstellung der beim letzten Schritt entstandenen Zahl als Polynom entspricht dem Produkt von $M(x)$ mit x^r.
2. Man dividiere $x^r \cdot M(x)$ binär durch $G(x)$.
3. Man subtrahiere den Rest, den man bei der Division erhält, von $x^r \cdot M(x)$. Das Resultat dieser Subtraktion ist das zu übertragende Wort.

Für die konkreten Angaben bedeutet das:

1. $W = 110101$

   $M(x) = x^5 + x^4 + x^2 + 1$

   $x^4 \cdot M(x) = x^9 + x^8 + x^6 + x^4$

   1101010000

2. $$\begin{array}{llllll}
(x^9 + x^8 & & + x^6 & & + x^4) \div (x^4 + x + 1) = x^5 + x^4 \\
\underline{-\, x^9} & & \underline{-\, x^6 - x^5} & & \\
\quad x^8 & & + x^5 & + x^4 & \\
\underline{-\, x^8} & & \underline{-\, x^5} & \underline{-\, x^4} & \\
 & & & 0 &
\end{array}$$

3. Da der Rest bei der Division 0 ist, ist das zu übertragende Polynom: $x^9 + x^8 + x^6 + x^4$ und das zu übertragende Wort 1101010000.

2.24 Die Schritte bei der Decodierung eines mittels Polynomcodierung codierten Wortes sind:

1. Man dividiere das empfangene Wort binär durch das Generatorpolynom.
2. Ist der Rest, der in Schritt 1 entsteht, gleich 0, so war die Übertragung (mit großer Wahrscheinlichkeit) fehlerfrei, und das Wort aus Schritt 1 ist die decodierte Nachricht. Sonst liegen ein oder mehrere Fehler vor.

Die Polynomcodierung erzeugt keine Codes, die eine Fehlerkorrektur ermöglichen. Es kann also zwar erkannt werden, daß ein oder mehrere

Fehler aufgetreten sind, aber es kann nicht festgestellt werden, welche Bits vom Fehler betroffen sind.

Angewandt auf die konkreten Angaben ergibt das obige Verfahren folgendes:

$W = 1011010110 \Rightarrow$ Polynom: $x^9 + x^7 + x^6 + x^4 + x^2 + x^1$

$$
\begin{array}{l}
(x^9 + x^7 + x^6 + x^4 + x^2 + x^1) \div (x^4 + x + 1) = x^5 + x^3 + x \\
\underline{-x^9 \quad - x^6 - x^5} \\
\qquad x^7 + x^5 + x^4 \\
\qquad \underline{- x^7 \quad - x^4 - x^3} \\
\qquad\qquad x^5 + x^3 + x^2 + x^1 \\
\qquad\qquad \underline{- x^5 \quad - x^2 - x^1} \\
\qquad\qquad\qquad x^3
\end{array}
$$

Die Division ergibt einen Rest von x^3, d.h., das Wort ist gestört.

2.25 Die Prüfbits ergeben sich aus Antivalenzverknüpfungen von Datenbits. Das Datenbit $x(n)_2$ trägt zur Berechnung des Prüfbits p_{2^i} $(i \geq 0)$ genau dann bei, wenn $(n)_2$ an der Stelle i eine Eins enthält. Die Bits von $(n)_2$ werden dabei bei 0 beginnend nach steigender Wertigkeit numeriert.

$$p_4 = x_5 \oplus x_6 \oplus x_7 \oplus x_{12} \oplus x_{13} \oplus x_{14} \oplus x_{15}$$

$$p_8 = x_9 \oplus x_{10} \oplus x_{11} \oplus x_{12} \oplus x_{13} \oplus x_{14} \oplus x_{15}$$

$$p_{16} = x_{17} \oplus x_{18}$$

2.26 Beachten Sie bei diesem Beispiel, daß es zwei gleichwertige Verfahren zur Überprüfung der Daten beim Empfänger gibt.

1. Die Prüfbits werden beim Empfänger genauso wie beim Sender berechnet und die Ergebnisse verglichen. Die Indizes der Prüfbits, bei denen es einen Unterschied zwischen dem empfangenen Prüfbit und dem Prüfbit, das beim Empfänger berechnet wurde, gibt, werden aufsummiert, um die Position des Fehlers zu bestimmen.
2. Auch hier werden die Prüfbits beim Empfänger berechnet. Die empfangenen Prüfbits werden dann jedoch – wie im Buch „Informatik" beschrieben – mit den beim Empfänger berechneten Prüfbits verknüpft (Antivalenz). Die Indizes der Prüfbits, die dabei eine

Eins ergeben, werden aufsummiert und ergeben die Position des Fehlers.

In den hier angegebenen Lösungen wird das erste Verfahren verwendet. Überlegen Sie sich, warum die Verfahren gleichwertig sind.

a. 1 2 3 4 5 6 7 8 9 10
P P D P D D D P D D
p p **0** p **1 1 0** p **1 1**

$p_1 = x_3 \oplus x_5 \oplus x_7 \oplus x_9$ $\quad$ $p_2 = x_3 \oplus x_6 \oplus x_7 \oplus x_{10}$

$p_4 = x_5 \oplus x_6 \oplus x_7$ $\quad$ $p_8 = x_9 \oplus x_{10}$

$p_1 = 0 \oplus 1 \oplus 0 \oplus 1 = 0$ $\quad$ $p_2 = 0 \oplus 1 \oplus 0 \oplus 1 = 0$

$p_4 = 1 \oplus 1 \oplus 0 = 0$ $\quad$ $p_8 = 1 \oplus 1 = 0$

Das codierte Wort lautet 0000110011.

b. Das empfangene Wort ist: 0010110011.

1 2 3 4 5 6 7 8 9 10
P P D P D D D P D D
0 0 **1** 0 **1 1 0** 0 **1 1**

$p_1 = 1 \oplus 1 \oplus 0 \oplus 1 = 1$ $\quad$ $p_2 = 1 \oplus 1 \oplus 0 \oplus 1 = 1$

$p_4 = 1 \oplus 1 \oplus 0 = 0$ $\quad$ $p_8 = 1 \oplus 1 = 0$

Bit 1 + 2 = 3 muß falsch sein $\Rightarrow$ die richtige Nachricht ist $00\underline{0}0110011$.

c. 1 2 3 4 5 6 7 8 9 10
P P D P D D D P D D
p p **1** p **0 0 0** p **1 0**

$p_1 = 1 \oplus 0 \oplus 0 \oplus 1 = 0$ $\quad$ $p_2 = 1 \oplus 0 \oplus 0 \oplus 0 = 1$

$p_4 = 0 \oplus 0 \oplus 0 = 0$ $\quad$ $p_8 = 1 \oplus 0 = 1$

Das codierte Wort lautet 0110000110.

2.27 a. Das empfangene Wort ist 0001110001.

1	2	3	4	5	6	7	8	9	10
P	P	D	P	D	D	D	P	D	D
0	0	**0**	1	**1**	**1**	**0**	0	**0**	**1**

$p_1 = 0 \oplus 1 \oplus 0 \oplus 0 = 1$ $\quad$ $p_2 = 0 \oplus 1 \oplus 0 \oplus 1 = 0$

$p_4 = 1 \oplus 1 \oplus 0 = 0$ $\quad$ $p_8 = 0 \oplus 1 = 1$

Bit 1 + 4 + 8 = 13 muß falsch sein. Die Nachricht ist aber nur 10 Bit lang. Wir haben es hier mit einem Mehrfachfehler zu tun. Mehrfachfehler können jedoch mit diesem Code nicht korrigiert werden.

b. Das Verfahren liefert 11 als die Position des fehlerhaften Bits. Nachdem das Wort nur 10 Zeichen lang ist, deutet dieses Ergebnis auf einen Mehrfachfehler hin.

2.28 Man kann mit einem Hamming-Code manche Mehrfachfehler erkennen (siehe letztes Beispiel). Man kann jedoch nicht alle Mehrfachfehler erkennen, da diese ein Codewort in ein anderes, gültiges Codewort umwandeln können.

2.29 Nichts. Das Korrekturverfahren funktioniert auch dann, wenn das fehlerhafte Bit ein Prüfbit ist.

2.30 Zwei Codes zur *Zifferncodierung* sind der BCD-Code und der Gray-Code.

Ziffer	BCD-Code	Gray-Code
0	0000	0000
1	0001	0001
2	0010	0011
3	0011	0010
4	0100	0110
5	0101	0111
6	0110	0101
7	0111	0100
8	1000	1100
9	1001	1101

2.31 Die Anforderungen an ein *Public Key Cryptosystem* sind:

1. $D(E(P)) = P$
2. Es ist schwierig, D aus E herzuleiten.
3. E kann nicht „geknackt" werden, selbst wenn man die Möglichkeit hat, beliebig viele korrespondierende unverschlüsselte und verschlüsselte Textpaare zu erzeugen.

2.32 Die wichtigsten Schritte der *RSA-Methode* zur Verschlüsselung von Nachrichten sind:

1. Man nehme zwei große Primzahlen, p und q, wobei jede größer ist als 10^{100}.
2. Man berechne $z = (p - 1) \cdot (q - 1)$.
3. Man wähle eine Zahl, die relativ prim ist zu z und nenne sie d.
4. Man suche eine Zahl e, so daß $e \cdot d = 1 \bmod z$.

2.33 Bei der *Authentisierung* wird die urkundliche Echtheit eines Dokumentes (entweder durch Unterschrift oder entsprechende EDV-Maßnahmen) verbürgt.

Lösungen zu Kapitel 3: Informationsreduzierende Codierungen

3.1 Ein auf die Bandbreite $\bar{f}$ begrenztes wert- und zeitkontinuierliches Signal s(t) ist durch die Folge von zeitdiskreten, äquidistanten Abtastwerten $s(\nu T_a)$ mit $\nu = 0, 1, 2, 3, \ldots$ vollständig bestimmt, wenn die Bedingung für die Abtastung $f_a \geq 2\bar{f}$ erfüllt ist. Tastet man also eine auf $\bar{f}$ bandbegrenzte Signalfunktion s(t) mit einer Abtastfrequenz $f_a \geq 2\bar{f}$ ab und überträgt nur diese Abtastwerte $s(\nu T_a)$, so kann auf der Empfangsseite die ursprüngliche Funktion s(t) durch einen idealen Tiefpaß mit der oberen Grenzfrequenz $\bar{f}$ verzerrungsfrei wieder rekonstruiert werden. Aufgrund des Abtasttheorems für Zeitfunktionen ist es möglich, Nachrichten bei der Übertragung zeitlich zu bündeln bzw. informationsreduzierende Codierungen einzusetzen.

3.2 Das skalare Produkt ergibt $a^T \cdot b = \sum_{i=1}^{n} a_i \cdot b_i = a_1 \cdot b_1 + a_2 \cdot b_2 + \ldots + a_n \cdot b_n$.

3.3 Die Berechnung der transformierten Matrix erfolgt sehr einfach dadurch, daß alle Elemente einer Matrix an der Hauptdiagonalen der Matrix gespiegelt werden.

$$\mathrm{M} = \begin{pmatrix} 3 & -2 & 0 \\ 5 & 4 & 1 \\ 2 & 0 & 3 \end{pmatrix} \text{ führt auf } \mathrm{M}^{\mathrm{T}} = \begin{pmatrix} 3 & 5 & 2 \\ -2 & 4 & 0 \\ 0 & 1 & 3 \end{pmatrix}.$$

Deshalb erweist sich dieses Verfahren als besonders geeignet für rechnergestützte Bearbeitung.

3.4 Die herausragende Eigenschaft der diskreten Cosinus-Transformation ist, daß

$$(\mathrm{C}^{(N)})^{-1} = (\mathrm{C}^{(N)})^{\mathrm{T}}$$

gilt. Das bedeutet, daß die inverse Matrix gleich der transponierten Matrix ist und damit im Computer recht einfach zu berechnen ist.

3.5 Die Vorgehensweise bei der fraktalen Bildkompression besteht darin, daß ein Bild auf inhärente Ähnlichkeiten untersucht wird, die durch Verkleinerungen (Vergrößerungen) und Drehungen ineinander übergehen. Auf diese Weise kann man Komprimierung erfolgreich durchführen. Dieses Verfahren der Komprimierung benötigt relativ viel CPU_Zeit, da das Auffinden von sog. „Selbstähnlichkeiten“ kein einfacher Vorgang ist. Ein herausragender Vorteil der fraktalen Bildkompression besteht allerdings darin, daß es möglich wird, ein Bild zu vergrößern, ohne die zugrundeliegende Pixelstruktur sofort in Erscheinung treten zu lassen.

3.6

1. Das zu komprimierende Bild wird in Blöcke der Größe 8×8 Bildpunkte (engl.: pixel) unterteilt. Diese 64 Pixel werden als Vektor der Dimension 64 aufgefaßt und mit der diskreten Cosinus-Transformation (DCT) in den Frequenzbereich transformiert.
2. Anschließend erfolgt die *Quantisierung,* in deren Verlauf die Information reduziert wird. Der Vorgang der Quantisierung ist parametrisierbar. Durch geeignete Wahl des Quantisierungsvektors kann man die Informationsreduktion beeinflussen.
3. Der dritte Schritt besteht darin, den erhaltenen quantisierten Vektor zu codieren.

Lösungen zu Kapitel 4: Zahlendarstellungen

4.1 Das n-äre System hat n Ziffern (0 bis $n-1$). Zahlen bestehen im n-ären System aus den Ziffern des Systems.

4.2 Die Darstellung der Zahl u im B-ären System sei $(U_M \ldots U_1\ U_0)_B$. Diese wird im b-ären System errechnet durch

$$U_0 = u \bmod B$$

$$U_1 = \lfloor u / B \rfloor \bmod B$$

$$U_2 = \lfloor \lfloor u / B \rfloor / B \rfloor \bmod B,$$

wobei $\lfloor x \rfloor$ die größte ganze Zahl kleiner oder gleich x darstellt. Anschließend sind die U_i in die Ziffern des B-ären Systems umzuwandeln. Im konkreten Beispiel bedeutet das:

$$U_0 = (25)_7 \bmod (3)_7 = (1)_7$$

$$U_1 = \lfloor (25)_7 / (3)_7 \rfloor \bmod (3)_7 = (6)_7 \bmod (3)_7 = (0)_7$$

$$U_2 = \lfloor (6)_7 / (3)_7 \rfloor \bmod (3)_7 = (2)_7 \bmod (3)_7 = (2)_7$$

$$(1)_7 = (1)_3 \qquad (0)_7 = (0)_3 \qquad (2)_7 = (2)_3 \qquad (25)_7 = (201)_3$$

4.3 Die Zahl u habe die b-äre Darstellung $(u_m \ldots u_1 u_0)_b$. Die einzelnen Ziffern u_i sind zunächst in das B-äre System umzuwandeln. Dabei sollen die Zahlen U_i im B-ären System entstehen. U sei die Darstellung von u im B-ären System. Dann gilt:

$$\begin{aligned} U &= ((\ldots(U_m \cdot b + U_{m-1}) \cdot b + \ldots) \cdot b + U_1) \cdot b + U_0 \\ &= U_m \cdot b^m + U_{m-1} \cdot b^{m-1} + \ldots + U_1 \cdot b^1 + U_0 \cdot b^0, \end{aligned}$$

wobei die Berechnungen im B-ären System durchgeführt werden. Im konkreten Beispiel bedeutet das:

$$(2)_7 = (2)_3 \qquad\qquad (5)_7 = (12)_3$$

$b = (21)_3$

$U = ((2)_3 \cdot (21)_3) + (12)_3 = (112)_3 + (12)_3 = (201)_3$

4.4 Die Zahl $(131)_{10}$ wird folgendermaßen in das Binärsystem umgewandelt.

a. Im folgenden erfolgen die Berechnungen im Binärsystem.

$$U = ((1)_2 \cdot (1010)_2 + (11)_2) \cdot (1010)_2 + (1)_2 = (10000011)_2$$

b. Im folgenden erfolgen die Berechnungen im Dezimalsystem.

Bit 0: $(131)_{10} \bmod (2)_{10} = (1)_{10} = (1)_2$ $(131)_{10} \operatorname{div} (2)_{10} = (65)_{10}$

Bit 1: $(65)_{10} \bmod (2)_{10} = (1)_{10} = (1)_2$ $(65)_{10} \operatorname{div} (2)_{10} = (32)_{10}$

Bit 2: $(32)_{10} \bmod (2)_{10} = (0)_{10} = (0)_2$ $(32)_{10} \operatorname{div} (2)_{10} = (16)_{10}$

Bit 3: $(16)_{10} \bmod (2)_{10} = (0)_{10} = (0)_2$ $(16)_{10} \operatorname{div} (2)_{10} = (8)_{10}$

Bit 4: $(8)_{10} \bmod (2)_{10} = (0)_{10} = (0)_2$ $(8)_{10} \operatorname{div} (2)_{10} = (4)_{10}$

Bit 5: $(4)_{10} \bmod (2)_{10} = (0)_{10} = (0)_2$ $(4)_{10} \operatorname{div} (2)_{10} = (2)_{10}$

Bit 6: $(2)_{10} \bmod (2)_{10} = (0)_{10} = (0)_2$ $(2)_{10} \operatorname{div} (2)_{10} = (1)_{10}$

Bit 7: $(1)_{10} \bmod (2)_{10} = (1)_{10} = (1)_2$ $(1)_{10} \operatorname{div} (2)_{10} = (0)_{10}$

$U = (10000011)_2$

4.5 Die Zahl $(10110111)_2$ wird folgendermaßen in das Dezimalsystem umgewandelt:

a. Im folgenden werden die Berechnungen im Binärsystem durchgeführt:

$$U_0 = (10110111)_2 \bmod (1010)_2 = (11)_2 = (3)_{10}$$
$$(10110111)_2 \operatorname{div} (1010)_2 = (10010)_2$$
$$U_1 = (10010)_2 \bmod (1010)_2 = (1000)_2 = (8)_{10}$$
$$(10010)_2 \operatorname{div} (1010)_2 = (1)_2 = (1)_{10}$$
$$U_2 = (1)_2 \bmod (1010)_2 = (1)_2 = (1)_{10}$$
$$(1)_2 \operatorname{div} (1010)_2 = (0)_2 = (0)_{10}$$
$$U = (183)_{10}$$

b. Im folgenden werden die Berechnungen im Dezimalsystem durchgeführt:

Bit 0: $(1)_{10} \cdot (2^0)_{10} = (1)_{10}$
Bit 1: $(1)_{10} \cdot (2^1)_{10} = (2)_{10}$
Bit 2: $(1)_{10} \cdot (2^2)_{10} = (4)_{10}$
Bit 3: $(0)_{10} \cdot (2^3)_{10} = (0)_{10}$
Bit 4: $(1)_{10} \cdot (2^4)_{10} = (16)_{10}$
Bit 5: $(1)_{10} \cdot (2^5)_{10} = (32)_{10}$
Bit 6: $(0)_{10} \cdot (2^6)_{10} = (0)_{10}$
Bit 7: $(1)_{10} \cdot (2^7)_{10} = (128)_{10}$

Aus der Summe 1 + 2 + 4 + 16 + 32 + 128 ergibt sich 183 als Lösung.

Durch die Verwendung des Hornerschemas kann man sich die Berechnung der Zweierpotenzen „ersparen" (siehe nächstes Beispiel).

4.6 Man verwendet das *Hornerschema* zur Berechnung von Polynomen

$$U_m \cdot b^m + U_{m-1} \cdot b^{m-1} + ... + U_1 \cdot b^1 + U_0 \cdot b^0$$

in folgender Form:

$$U = ((... (U_m \cdot b + U_{m-1}) \cdot b + ...) \cdot b + U_1) \cdot b + U_0$$

Dadurch „erspart" man sich das Potenzieren.

4.7 $((((4 \cdot 8) + 0) \cdot 8 + 7) \cdot 8 + 1) \cdot 8 + 2 = 16842$

4.8 Die Zahl u sei im B-ären System dargestellt durch $(0.U_{-1}U_{-2}...)_B$. Dann können die Werte der einzelnen Ziffern U_i in dieser Darstellung im b-ären System wie folgt berechnet werden:

$$U_{-1} = \lfloor u \cdot B \rfloor$$
$$U_{-2} = \lfloor \{u \cdot B\} \cdot B \rfloor$$
$$U_{-3} = \lfloor \{\{u \cdot B\} \cdot B\} \cdot B \rfloor$$
$$...,$$

wobei $\{x\} = x - \lfloor x \rfloor$ ist, also die Nachkommastellen der Zahl x. Anschließend müssen die Zahlen U_i in Ziffern des B-ären Systems umgewandelt werden. Im konkreten Beispiel bedeutet das:

$$U_{-1} = \lfloor (0.3)_8 \cdot (2)_8 \rfloor = \lfloor (0.6)_8 \rfloor = (0)_8$$
$$U_{-2} = \lfloor \{(0.6)_8\} \cdot (2)_8 \rfloor = \lfloor (0.6)_8 \cdot (2)_8 \rfloor = \lfloor (1.4)_8 \rfloor = (1)_8$$

$U_{-3} = \lfloor \{(1.4)_8\} \cdot (2)_8 \rfloor = \lfloor (0.4)_8 \cdot (2)_8 \rfloor = \lfloor (1.0)_8 \rfloor = (1)_8$

$(0)_8 = (0)_2$ $\quad$ $(1)_8 = (1)_2$

$(0.3)_8 = (0.011)_2$

4.9 Die Zahl u habe die b-äre Darstellung $(0.u_{-1}u_{-2} \dots u_{-m})_b$. Die einzelnen Ziffern u_i sind zunächst in das B-äre System umzuwandeln. Dabei sollen die Zahlen U_i im B-ären System entstehen. U sei die Darstellung von u im B-ären System. Dann gilt:

$$U = ((\dots (U_{-m} / b + U_{-(m-1)}) / b + \dots + U_{-1}) / b + U_{-1}) / b =$$

$$= U_{-m} \cdot b^{-m} + U_{-(m-1)} \cdot b^{-(m-1)} + \dots + U_{-2} \cdot b^{-2} + U_{-1} \cdot b^{-1},$$

wobei die Berechnungen im B-ären System durchgeführt werden. Im konkreten Beispiel bedeutet das:

$(3)_8 = (11)_2 \quad b = (1000)_2$

$U = ((11)_2 / (1000)_2) = (0.011)_2$

4.10 a. Die Umwandlung sieht im Binärsystem folgendermaßen aus:

$((((101)_2 / (1010)_2 + (10)_2) / (1010)_2 + (110)_2) /$

$(1010)_2 + (0)_2) / (1010)_2 = (0.0001)_2$

b. Die Umwandlung sieht im Dezimalsystem folgendermaßen aus:

$0.0625 \cdot 2 = 0.125$

$0.125 \quad \cdot 2 = 0.25$

$0.25 \quad \cdot 2 = 0.5$

$0.5 \quad \cdot 2 = 1.0$

Diese Rechnungen erfolgen im Dezimalsystem. Bei der Multiplikation mit 2 wird jeweils nur der Nachkommaanteil aus dem letzten Schritt verwendet. Die ganzzahligen Anteile ergeben nach Umwandlung in das Binärsystem die Lösung $(0.0001)_2$.

4.11 a. Die Umwandlung sieht im Binärsystem folgendermaßen aus:

$(0.10101)_2 \cdot (1010)_2 = (110.1001)_2$ $\quad$ $\lfloor (110.1001)_2 \rfloor = (6)_{10}$

$(0.1001)_2 \cdot (1010)_2 = (101.101)_2$ $\quad$ $\lfloor (101.101)_2 \rfloor = (5)_{10}$

$(0.101)_2 \cdot (1010)_2 = (110.01)_2$ $\lfloor (110.01)_2 \rfloor = (6)_{10}$

$(0.01)_2 \cdot (1010)_2 = (10.1)_2$ $\lfloor (10.1)_2 \rfloor = (2)_{10}$

$(0.1)_2 \cdot (1010)_2 = (101)_2$ $\lfloor (101)_2 \rfloor = (5)_{10}$

Bei der Multiplikation mit $(1010)_2$ wird jeweils nur der Nachkommaanteil aus dem letzten Schritt verwendet. Die ganzzahligen Anteile ergeben nach Umwandlung in das Dezimalsystem die Lösung $(0.65625)_{10}$.

b. Die Umwandlung sieht im Dezimalsystem folgendermaßen aus:

Bit –1: $(1)_{10} \cdot (2^{-1})_{10} = (0.5)_{10}$

Bit –2: $(0)_{10} \cdot (2^{-2})_{10} = (0)_{10}$

Bit –3: $(1)_{10} \cdot (2^{-3})_{10} = (0.125)_{10}$

Bit –4: $(0)_{10} \cdot (2^{-4})_{10} = (0)_{10}$

Bit –5: $(1)_{10} \cdot (2^{-5})_{10} = (0.03125)_{10}$

Die Lösung ergibt sich aus der Summe $0.5 + 0.125 + 0.03125 = 0.65625$. Durch die Verwendung des Hornerschemas hätte man sich die Berechnung der Zweierpotenzen „ersparen" können.

4.12 Die Umwandlung reeller Zahlen erfolgt in drei Schritten.

1. Man stellt die Zahl als Summe einer ganzen Zahl und einer Zahl, deren Vorkommateil gleich 0 ist, in b dar.
2. Man wandelt die beiden Summanden getrennt nach B um.
3. Man führt die Summation in B durch.

Für das konkrete Beispiel bedeutet das:

$$(37.41)_8 = (37)_8 + (0.41)_8 = (11111)_2 + (0.100001)_2 =$$
$$(11111.100001)_2$$

4.13 Ja. $(0.1)_{10} = (0.01212121...)_4$.
Ja, z.B. $\pi = 3.1415926...$ oder jede irrationale Zahl.

4.14 Reelle Zahlen im Binärsystem können durch das folgende Verfahren einfach in das oktale bzw. hexadezimale System umgewandelt werden;

1. Aus den Bits Dreier- bzw. Viererblöcke vor und nach dem Komma (jeweils vom Komma weg) bilden.
2. Dreier- bzw. Viererblöcke einzeln ins oktale bzw. hexadezimale System umwandeln. Dabei – falls notwendig – am Beginn und Ende mit Nullen entsprechend ergänzen.

$$
\begin{aligned}
& (1010011111.1100011)_2 \\
= \; & (001\ 010\ 011\ 111\ .\ 110\ 001\ 100)_2 \\
= \; & (\ 1\quad 2\quad 3\quad 7\ .\quad 6\quad 1\quad 4)_8 \\
= \; & (0010\ 1001\ 1111\ .\ 1100\ 0110)_2 \\
= \; & (\ 2\quad 9\quad F\ .\quad C\quad 6)_{16}
\end{aligned}
$$

4.15 Das Zusammenfassen und blockweise Umwandeln kann man mit Blökken der Größe k durchführen, wenn die Basis des einen Zahlensystems n^m und die des anderen $n^{m \cdot k}$ ist, mit $k > 1$.

4.16 Versuchen Sie, diese Aufgabe möglichst schnell zu lösen. Benutzen Sie dabei womöglich einfache Umwandlungsverfahren!

Binär	Oktal	Dezimal	Hexadezimal
10111010.0111011	272.354	186.4609...	BA.76
10101010.010101	252.25	170.328125	AA.54
100001.111	**41.7**	33.875	21.E
111011.001101	**73.15**	59.2031...	3B.34
11011.1001	33.44	**27.5625**	1B.9
10111.001000111...	27.107...	**23.14**	17.23...
10101110.0111	256.34	174.4375	**AE.7**
01101111.11010001	157.642	111.8164	**6F.D1**

Bemerkung: Da aus den Binärdarstellungen die Oktal- und Hexadezimaldarstellungen sehr leicht gewonnen werden können, ist es ratsam, die gegebene Zahl zuerst in das Binärsystem umzuwandeln.

4.17 Die Additionen erfolgen im Binärsystem folgendermaßen:

a.

```
                   1              1
  110110      110110         110110
  011011      011011         011011
+ 111000  → + 111000  →    + 111000
--------    --------       --------
       1          01            001

   1          10            10
  110110      110110         110110
  011011      011011         011011
+ 111000  → + 111000  →    + 111000
--------    --------       --------
    1001       01001         001001

  110110
  011011
+ 111000
--------
10001001
```

b.

```
                  1
  011011      011011         011011
+ 111010  → + 111010  →    + 111010
--------    --------       --------
       1          01            101

   1          1
  011011      011011         011011
+ 111010  → + 111010  →    + 111010
--------    --------       --------
    0101       10101        1010101
```

c. $(1000001)_2$

d. $(1101110)_2$

4.18 Die Subtraktionen erfolgen im Binärsystem folgendermaßen:

a.

```
  10  0 (10)         1  0 (10) 0          1 (10) 00
-  1 (1)  1   →   -  (10) (1)  1   →   - (1) (10) 01
------------      ---------------      -------------
          1                 1  1          0   0  11
```

b.

```
  1001           1001           1 (10) 01
-  101   →   -    101   →   - (1) (10) 01
------       ---------      -------------
     0             00         0   1   00
```

c. $(10000)_2$

d. $(1010)_2$

4.19 Beachten Sie, daß im folgenden die Multiplikationen auch in der umgekehrten Richtung, also von links nach rechts, durchgeführt werden können. Dann müssen die Summanden jeweils um eine Stelle nach rechts verschoben untereinander geschrieben werden.

a.
```
     1010·1101
     ---------
     1010
    0000
   1010
+ 1010
---------
 10000010
```

b.
```
     1011·1001
     ---------
     1011
    0000
   0000
+ 1011
---------
  1100011
```

c. $(11011000)_2$

d. $(1000100110)_2$

4.20 Die Divisionen erfolgen im Binärsystem folgendermaßen:

a. Das Ergebnis der ganzzahligen Division beträgt $(1001)_2$, der Rest ist $(0)_2$.

```
 11011:11=1          11011:11=10
-11             →   -11
---                 ---
  0                   00

 11011:11=100        11011:11=1001
-11                 -11
---                 ---
  001           →     0011
                    -   11
                    ------
                         0
```

b. Das Ergebnis der ganzzahligen Division beträgt $(10)_2$, der Rest ist $(1)_2$.

```
 1011:101=1           1011:101=10
-101          →      -101
   0                    01
```

c. Das Ergebnis der ganzzahligen Division beträgt $(110)_2$, der Rest ist $(11)_2$.

d. Das Ergebnis der ganzzahligen Division beträgt $(10)_2$, der Rest ist $(11)_2$.

4.21 Die Zahl u im b-ären System sei gegeben durch $(...u_2u_1u_0.u_{-1}u_{-2}...)_b$. Im b-ären Stellenwertsystem wird diese Zahl dargestellt durch

$$... + u_2 \cdot b^2 + u_1 \cdot b^1 + u_0 \cdot b^0 + u_{-1} \cdot b^{-1} + u_{-2} \cdot b^{-2} + ...$$

Multipliziert man diese Zahl mit b^k, also

$$(... + u_2 \cdot b^2 + u_1 \cdot b^1 + u_0 \cdot b^0 + u_{-1} \cdot b^{-1} + u_{-2} \cdot b^{-2} + ...) \cdot b^k =$$

$$... + u_2 \cdot b^2 \cdot b^k + u_1 \cdot b^1 \cdot b^k + u_0 \cdot b^0 \cdot b^k + u_{-1} \cdot b^{-1} \cdot b^k +$$

$$u_{-2} \cdot b^{-2} \cdot b^k + ... =$$

$$... + u_2 \cdot b^{2+k} + u_1 \cdot b^{1+k} + u_0 \cdot b^{0+k} + u_{-1} \cdot b^{-1+k} + u_{-2} \cdot b^{-2+k} + ...,$$

so sieht man unmittelbar, daß die Ziffer u_i nun nach der Multiplikation an der Stelle $i + k$ steht, d.h., alle Ziffern wurden um k Stellen nach links verschoben.

4.22 Die Zahl u im b-ären System sei gegeben durch $(...u_2u_1u_0.u_{-1}u_{-2}...)_b$. Im b-ären Stellenwertsystem wird diese Zahl dargestellt durch

$$... + u_2 \cdot b^2 + u_1 \cdot b^1 + u_0 \cdot b^0 + u_{-1} \cdot b^{-1} + u_{-2} \cdot b^{-2} + ...$$

Dividiert man diese Zahl durch b^k, also

$$(... + u_2 \cdot b^2 + u_1 \cdot b^1 + u_0 \cdot b^0 + u_{-1} \cdot b^{-1} + u_{-2} \cdot b^{-2} + ...) / b^k =$$

$$... + u_2 \cdot b^2 / b^k + u_1 \cdot b^1 / b^k + u_0 \cdot b^0 / b^k + u_{-1} \cdot b^{-1} / b^k +$$

$$u_{-2} \cdot b^{-2} / b^k + ... =$$

$$... + u_2 \cdot b^{2-k} + u_1 \cdot b^{1-k} + u_0 \cdot b^{0-k} + u_{-1} \cdot b^{-1-k} + u_{-2} \cdot b^{-2-k} + ...,$$

so sieht man unmittelbar, daß die Ziffer u_i nun nach der Division an der Stelle $i - k$ steht, d.h., alle Ziffern wurden um k Stellen nach rechts verschoben.

4.23 Im folgenden sind alle Zahlen in den jeweils angegebenen Zahlensystemen dargestellt, ohne daß sie als solche gekennzeichnet sind.

a. Alle Rechnungen erfolgen im hexadezimalen System.

$$\begin{array}{r} 1 \\ \mathrm{F\,A} \\ +\;1\,6 \\ \hline 0 \end{array} \;\rightarrow\; \begin{array}{r} 1 \\ \mathrm{F\,A} \\ +\quad 1\,6 \\ \hline 1\,0 \end{array} \;\rightarrow\; \begin{array}{r} \mathrm{F\,A} \\ +\;\;1\,6 \\ \hline 110 \end{array}$$

b. Alle Rechnungen erfolgen im oktalen System.

$$\begin{array}{r} 1 \\ 16 \\ +\;45 \\ \hline 3 \end{array} \;\rightarrow\; \begin{array}{r} 16 \\ +\;45 \\ \hline 63 \end{array}$$

c. Alle Rechnungen erfolgen im hexadezimalen System.

$$\begin{array}{rr} 3 & (16) \\ -\,(2) & 7 \\ \hline & \mathrm{F} \end{array} \;\rightarrow\; \begin{array}{r} 36 \\ -\;\;17 \\ \hline 1\mathrm{F} \end{array}$$

d. Alle Rechnungen erfolgen im oktalen System.

$$\begin{array}{rr} 3 & (16) \\ -\,(2) & 7 \\ \hline & 7 \end{array} \;\rightarrow\; \begin{array}{r} 36 \\ -\;\;17 \\ \hline 17 \end{array}$$

4.24 a. $29 = (11101)_2$

Nach der Methode im Buch „Informatik" heißt das:

~~QX~~QXQXQQX

also

$$x^{29} = ((((x^2) \cdot x)^2 \cdot x)^2)^2 \cdot x$$

Dabei wird das Quadrieren durch die Multiplikation des jeweiligen Zwischenergebnisses mit sich selbst durchgeführt. Es werden insgesamt 7 Multiplikationen benötigt.

b. $31 = (11111)_2$

Nach der Methode im Buch „Informatik" heißt das:

~~QX~~QXQXQXQX

also

$x^{31} = ((((x^2) \cdot x)^2 \cdot x)^2 \cdot x)^2 \cdot x$

Es werden insgesamt 8 Multiplikationen benötigt.

4.25 Die vier Darstellungsmöglichkeiten für negative Zahlen in Computern sind:

1. Darstellung durch Vorzeichen und Betrag: Das höchstwertige Bit (most significant bit = MSB) wird als Vorzeichenbit verwendet. Die restlichen Bits stellen den Betrag der Zahl dar.
2. Exzeßdarstellung: Es wird bei dieser Methode zur darzustellenden Zahl ein konstanter Exzeß q addiert, so daß die Summe nicht negativ ist. Diese positive Summe repräsentiert dann die ursprüngliche Zahl.
3. Einerkomplementdarstellung: Die Darstellung einer negativen Zahl wird aus der Darstellung des Betrags der Zahl durch Vertauschung aller Nullen mit Einsen und umgekehrt gewonnen.
4. Zweierkomplementdarstellung: Die Darstellung einer negativen Zahl wird durch die Ergänzung des Betrags der Zahl auf 2^{m+1} gewonnen, wobei $m + 1$ die Anzahl der für die Darstellung zur Verfügung stehenden Bits ist. Den gleichen Effekt erzielt man, wenn man zur Zahl 2^{m+1} addiert.

4.26 Das Vorzeichen der Zahl in Einerkomplementdarstellung ist am MSB erkennbar. Falls die Zahl ein positives Vorzeichen hat, so ist sie bereits in Zweierkomplementdarstellung. Ansonsten muß zur Einerkomplementdarstellung *Eins* addiert werden.

4.27 Die Umwandlung einer Zahl von der Exzeßdarstellung in die Zweierkomplementdarstellung kann, unter den angegebenen Umständen, durch das Invertieren des ersten Bits (des MSB = des Vorzeichenbits) erfolgen.

4.28 Versuchen Sie, diese Aufgabe möglichst schnell zu lösen. Beachten Sie dabei, daß der Schwierigkeitsgrad der Umwandlung zwischen zwei Darstellungen von den beiden Darstellungen abhängt. Wählen Sie eine geschickte Reihenfolge für die Umwandlungen. Nutzen Sie weiter Ihr Wissen aus den beiden vorhergehenden Aufgaben.

Einerkomplement	Zweierkomplement	Exzeßdarstellung	Vorzeichen und Betrag	Dezimal
011011	011011	111011	011011	27
10110111	10111000	nicht möglich	11001000	–72
0111011	**0111011**	1011011	0111011	59
1011100	**1011101**	nicht möglich	1100011	–35
100	101	**011101**	111	–3
01111	01111	**101111**	01111	15
011101	011101	111101	**011101**	29
10010	10011	10011	**101101**	–13
01101	01101	101101	01101	**13**
100110	100111	111	111001	**–25**

4.29 Man erkennt sie, indem man eine Plausibilitätsüberprüfung durchführt. So liegt eine Bereichsüberschreitung z.B. dann vor, wenn bei der Addition zweier negativer Zahlen in Einer- oder Zweierkomplementdarstellung eine positive Zahl entsteht.

4.30 Zwei Arten der Darstellung von reellen Zahlen in Computern sind:

1. *Festkommadarstellung*: Eine feste Anzahl von Nachkommastellen wird für die Darstellung im Computer reserviert. Z.B. kann –25.25 durch 1 11001 0100 dargestellt werden, wenn man 1 Vorzeichenbit, 5 Vorkomma- und 4 Nachkommastellen verwendet.

2. *Gleitkommadarstellung*: Bei dieser Darstellung wird die Position des Kommas separat angegeben. Werden im Computer die Mantisse m und der Exponent e dargestellt, so hat die Zahl den Wert $m \cdot 2^e$. Die Mantisse wird dabei meistens durch Vorzeichen und Betrag dargestellt, und der Exponent wird in Exzeßdarstellung angegeben. Z.B. kann die Zahl –25.25 die Darstellung 1 1101 1100101000 haben, wenn wir ein Vorzeichenbit für die Mantisse, vier Bits für den Exponenten und 10 Bits für den Betrag der Mantisse verwenden. Der Exzeß für die Exponentendarstellung beträgt bei diesem Beispiel 8.

4.31 Wenn n die Anzahl der Nachkommastellen der Zahl in Festkommadarstellung ist, dann ist das Ergebnis der Multiplikation bzw. der Division zweier solcher Festkommazahlen durch 2^n zu dividieren bzw. mit 2^n zu multiplizieren.

4.32 Eine ideelle Zahl hat unendlich viele äquivalente, allgemeine Gleitkommadarstellungen. Um nicht mit so vielen Darstellungen hantieren zu müssen und wegen der leichteren Durchführung von Rechenoperationen und Vergleichen, verwendet man eine genau bestimmte Darstellung pro ideeller Zahl. Diese wird die *normalisierte Darstellung* genannt.

4.33 0 ist normalisiert. Alle anderen Darstellungen sind dann normalisiert, wenn für die Mantisse m gilt, daß

$$0.5 \leq |m| < 1$$

4.34 0 ist normalisiert. Weiter ist eine Gleitkommazahl normalisiert, wenn ihre erste Mantissenstelle gleich 1 ist. Für alle anderen Zahlen gilt: die Mantisse wird solange um eine Stelle nach links verschoben und der Exponent um 1 vermindert, bis die erste Mantissenstelle gleich 1 ist.

4.35 Die Normalisierung sieht folgendermaßen aus:

	VZ	Exp.	Mant.	
	1	10001	00011011	=
=	1	10000	00110110	=
=	1	01111	01101100	=
=	1	01110	11011000	

4.36 Folgende Schritte sind bei der *Addition von Gleitkommazahlen* durchzuführen:

1. Den Exponenten der betragsmäßig kleineren Zahl an den Exponenten der größeren Zahl angleichen. Die Mantisse der ersteren Zahl muß entsprechend justiert werden.
2. Die beiden Mantissen addieren.
3. Die Summe normalisieren.

4.37 Die Addition der Gleitkommazahlen sieht folgendermaßen aus:

1.	1	100010	11010100	=
=	1	100011	01101010	=
=	1	100100	00110101	

2.
```
    1 10001000
+   1 00110101
--------------
    1 10111101
```

3. Das Ergebnis ist bereits normalisiert.

```
    1 100100 10001000
+   1 100010 11010100
---------------------
    1 100100 10111101
```

4.38 Das Assoziativgesetz gilt bei der Addition von Gleitkommazahlen in Computern wegen Auslöschung bzw. Rechen-/Rundungsungenauigkeiten nicht.

4.39 Ja, da bei der Addition immer der Exponent der betragsmäßig kleineren Zahl an den Exponenten der größeren Zahl angeglichen wird und es auch sonst keine Schritte in der Addition gibt, die von der Reihenfolge der Operanden abhängig sind. Rundungsfehler treten in gleichem Ausmaß für beide möglichen Reihenfolgen der Addition auf.

4.40 Ja, da das Assoziativgesetz für die Addition von Gleitkommazahlen in Computern nicht gilt. Die kleineren Glieder der Reihe sollten zuerst aufsummiert werden. Dadurch wird sichergestellt, daß bei jeder Addition die Differenz der Summanden relativ klein ist, wodurch auch die Fehler bei den Additionen klein werden.

4.41 Die Schritte bei *der Multiplikation von Gleitkommazahlen* sind:

1. Multiplizieren der Mantissen (Vorzeichen beachten!).
2. Addieren der Exponenten.
3. Normalisieren des Ergebnisses der ersten zwei Schritte.

4.42 Die Multiplikation zweier Gleitkommazahlen sieht folgendermaßen aus:

1. `(1 0.1101) · (1 0.1000) = (0 0.01101000)`
2. `100100 + 100010 = 1000110`

   Exzeß subtrahieren nicht vergessen!

   `1000110 - 100000 = 100110`

3. `(0 100110 01101000) =`

   `(0 100101 11010000)`

Achtung: Wir haben nur 4 Nachkommastellen zur Verfügung!

Das Ergebnis ist also: `(0 100101 1101)`

4.43

Festkommadarstellung	Gleitkommadarstellung	Dezimal
1 001011 0101	1 1100 101101 Rundungsfehler	–11.3125
0 000010 1111	**0 1010 101111**	2.9375
1 011011 1100	1 1101 110111 Rundungsfehler	**–27.75**

Lösungen zu Kapitel 5: Algorithmen

5.1 Ein *Algorithmus* bezeichnet ideelle Vorschriften zur Lösung einer Aufgabe. Ein *Programm* ist *eine* konkrete Formulierung eines Algorithmus. Es wird zur Ausführung des Algorithmus auf einem Computer verwendet.

5.2 Die *Implementierung* ist lediglich eine Formulierung eines vorgegebenen Algorithmus zum Zweck der Ausführung auf einem Computer. *Programmierung* hingegen besteht aus dem Finden eines Algorithmus und anschließender Implementierung desselben.

5.3 Unter dem Begriff der „*Analyse von Algorithmen*" versteht man allgemein die nicht-experimentelle Untersuchung von gewissen Eigenschaften von Algorithmen. Insbesondere kann man vorgegebene Algorithmen auf ihr Zeitverhalten und auf ihren Speicherplatzbedarf hin analysieren.

Lösungen zu Kapitel 6: Boolesche Algebra

6.1 Eine *Algebra* wird durch eine Wertemenge, durch ihre Operationen auf diese Wertemenge und durch die zugehörigen Rechengesetze bestimmt.

6.2 Die *Boolesche Algebra* basiert auf der Menge $\{0, 1\}$ und den Operationen $\wedge$, $\vee$ und $\neg$, wobei diese Operationen folgendermaßen definiert sind:

x	$\neg x$
0	1
1	0

x	y	$(x \wedge y)$	$(x \vee y)$
0	0	0	0
0	1	0	1
1	0	0	1
1	1	1	1

In der Booleschen Algebra gelten die folgenden Gesetze:

Kommutativgesetz:

$x \vee y = y \vee x$ $\qquad$ $x \wedge y = y \wedge x$

Assoziativgesetz:

$(x \vee y) \vee z = x \vee (y \vee z)$ $\qquad$ $(x \wedge y) \wedge z = x \wedge (y \wedge z)$

Distributivgesetz:

$x \wedge (y \vee z) = (x \wedge y) \vee (x \wedge z)$ $\qquad$ $x \vee (y \wedge z) = (x \vee y) \wedge (x \vee z)$

Absorptionsgesetz:

$x \vee (x \wedge y) = x$ $\qquad$ $x \wedge (x \vee y) = x$

Weiter gelten die folgenden Gesetze.

$0 \vee x = x \qquad 1 \wedge x = x$

$x \vee \neg x = 1 \qquad x \wedge \neg x = 0$

6.3 $a = (e_1 \vee e_2 \vee (e_1 \wedge e_3)) \wedge (e_1 \wedge e_2 \wedge e_3) \wedge e_3$

$= (e_1 \vee e_2 \vee \quad 0 \quad) \wedge (e_1 \wedge e_2 \wedge e_3) \wedge e_3$

$= (\quad 1 \quad) \wedge (e_1 \wedge e_2 \wedge e_3) \wedge e_3$

$= (\quad 1 \quad) \wedge (\quad 0 \quad) \wedge e_3$

$= 0,$

oder kürzer

$a = (e_1 \vee e_2 \vee (e_1 \wedge e_3)) \wedge (e_1 \wedge e_2 \wedge e_3) \wedge e_3$

$= (e_1 \vee e_2 \vee (e_1 \wedge e_3)) \wedge (\quad 0 \quad) \wedge e_3$

$= 0.$

6.4 $(x \wedge (x \vee y)) \vee (y \wedge 1) =$

$(x \wedge (x \vee y)) \vee y) \wedge (x \wedge (x \vee y)) \vee 1)$

6.5 $\neg (x \vee y) = \neg x \wedge \neg y$ und dual dazu $\neg (x \wedge y) = \neg x \vee \neg y$

6.6 Verknüpfungen von Wahrheitswerten, die immer den Wert 1 (wahre Aussage) liefern, werden *Tautologien* genannt. Solche, die immer den Wert 0 (falsche Aussage) liefern, heißen *Kontradiktionen.*

6.7 a. $x \Rightarrow (x \vee y)$ ist eine Tautologie.

x	y	$(x \vee y)$	$x \Rightarrow (x \vee y)$
0	0	0	1
0	1	1	1
1	0	1	1
1	1	1	1

b. $x \vee (\neg\, x \wedge y)$ ist weder eine Tautologie noch eine Kontradiktion.

x	y	$(\neg\, x \wedge y)$	$x \vee (\neg\, x \wedge y)$
0	0	0	0
0	1	1	1
1	0	0	1
1	1	0	1

c. $f(x, y) = (x \vee (x \wedge y)) \wedge \neg\, x$ ist eine Kontradiktion.

x	y	$(x \wedge y)$	$x \vee (x \wedge y)$	$\neg\, x$	$f(x, y)$
0	0	0	0	1	0
0	1	0	0	1	0
1	0	0	1	0	0
1	1	1	1	0	0

6.8 Die Äquivalenz der beiden Sätze kann man folgendermaßen nachweisen:

a. Der zweite Satz entsteht aus dem ersten durch Anwendung des Distributivgesetzes.

b. Wir berechnen zuerst den dreimal auftretenden Teilausdruck

$g(x, y) = (x \vee (x \wedge y))$.

x	y	$(x \wedge y)$	$x \vee (x \wedge y)$
0	0	0	0
0	1	0	0
1	0	0	1
1	1	1	1

Für den ersten Satz erhalten wir die Wahrheitstabelle:

x	y	$(y \wedge 0)$	$g(x, y)$	$g(x, y) \wedge (y \wedge 0)$
0	0	0	0	0
0	1	1	0	0
1	0	0	1	0
1	1	1	1	1

Für den zweiten Satz berechnen wir zunächst die beiden Teilausdrücke der obersten Disjunktion.

x	y	$g(x, y)$	$h(x, y) = g(x, y) \wedge y$
0	0	0	0
0	1	0	0
1	0	1	0
1	1	1	1

x	y	$g(x, y)$	$i(x, y) = g(x, y) \wedge 0$
0	0	0	0
0	1	0	0
1	0	1	0
1	1	1	0

Die Wahrheitstabelle für den zweiten Satz ergibt sich hiermit zu:

x	y	$h(x, y)$	$i(x, y)$	$h(x, y) \vee i(x, y)$
0	0	0	0	0
0	1	0	0	0
1	0	0	0	0
1	1	1	0	1

Die Ergebnisspalten der Wahrheitstabellen für die beiden Sätze stimmen überein, q.e.d.

6.9 Durch zweimalige Anwendung des Distributivgesetzes erhält man (Ausklammern von $(c \wedge d)$ und $(\neg c \wedge \neg d)$):

$$f(a, b, c, d) = ((c \wedge d) \wedge ((\neg a \wedge b) \vee (a \wedge \neg b))) \vee$$

$$((\neg c \wedge \neg d) \wedge ((\neg a \wedge b) \vee (a \wedge \neg b)))$$

Durch Anwendung des Distributivgesetzes erhält man (Ausklammern von $(\neg a \wedge b) \vee (a \wedge \neg b)$):

$$f(a, b, c, d) = ((\neg a \wedge b) \vee (a \wedge \neg b)) \vee$$

$$((c \wedge d) \vee (\neg c \wedge \neg d))$$

$a \oplus b = (\neg a \wedge b) \vee (a \wedge \neg b)$ ($\oplus$ ... Antivalenz)

$c \equiv d = (c \wedge d) \vee (\neg c \wedge \neg d)$ ($\equiv$ ... Äquivalenz)

$f(a, b, c, d) = (a \oplus b) \wedge (c \equiv d)$

6.10 Die Begriffe *Vollform, Minterm* und *Maxterm* sind wie folgt definiert:

a. Unter einer *Vollform* wird ein Ausdruck verstanden, in dem jede Variable des Betrachtungsraums genau einmal vorkommt. Dabei kann jede Variable negiert oder nicht negiert vorkommen.

b. Ein *Minterm* (*Vollkonjunktion*) ist ein Ausdruck, in dem sämtliche vereinbarten Variablen konjunktiv verbunden sind.

c. Ein *Maxterm* (*Volldisjunktion*) ist ein Ausdruck, in dem sämtliche vereinbarten Variablen disjunktiv verbunden sind.

6.11 a. Minterm.

b. Maxterm.

c. Weder Minterm noch Maxterm, da die Variable *z* im Ausdruck nicht enthalten ist.

6.12 Die *disjunktiven* und die *konjunktiven Normalformen* sind wie folgt definiert:

a. Die *disjunktive Normalform* ist jene Darstellungsart einer Booleschen Funktion, bei der eine Reihe von Vollkonjunktionen disjunktiv verknüpft wird.

b. Die *konjunktive Normalform* ist jene Darstellungsart einer Booleschen Funktion, bei der eine Reihe von Volldisjunktionen konjunktiv verknüpft wird.

6.13 Folgende Schritte sind bei der Konstruktion von disjunktiven bzw. konjunktiven Normalformen durchzuführen:

1. Aufstellen der Wahrheitstabelle der Funktion.

2. Für a: Bilden von Vollkonjunktionen.

   Dabei betrachtet man nur jene Zeilen der Wahrheitstabelle, die in der Ergebnisspalte eine Eins haben.

   Für b: Bilden von Volldisjunktionen.

Dabei betrachtet man nur jene Zeilen der Wahrheitstabelle, die in der Ergebnisspalte eine Null haben.

3. Bilden der jeweiligen Normalform aus den Teilausdrücken, die sich in Schritt 2 ergeben haben. Dies geschieht für a durch Oder-Verknüpfung aller Vollkonjunktionen und für b durch Und-Verknüpfung aller Volldisjunktionen.

6.14 Aufstellen der Wahrheitstabelle der Funktion.

x	y	z	$y \Rightarrow z$	$\neg x \wedge (y \Rightarrow z)$
0	0	0	1	1
0	0	1	1	1
0	1	0	0	0
0	1	1	1	1
1	0	0	1	0
1	0	1	1	0
1	1	0	0	0
1	1	1	1	0

Für a: Bilden der Vollkonjunktionen.

$$VK_1 = \neg x \wedge \neg y \wedge \neg z$$

$$VK_2 = \neg x \wedge \neg y \wedge z$$

$$VK_3 = \neg x \wedge y \wedge z$$

Für b: Bilden der Volldisjunktionen.

$$VD_1 = x \vee \neg y \vee z$$

$$VD_2 = \neg x \vee y \vee z$$

$$VD_3 = \neg x \vee y \vee \neg z$$

$$VD_4 = \neg x \vee \neg y \vee z$$

$$VD_5 = \neg x \vee \neg y \vee \neg z$$

Bilden der jeweiligen Normalform.

Für a: $VK_1 \vee VK_2 \vee VK_3$

Für b: $VD_1 \wedge VD_2 \wedge VD_3 \wedge VD_4 \wedge VD_5$.

6.15 Die unabhängigen Eingangsvariablen sind die drei Schalter. Die von ihnen abhängige Größe ist das eingeschaltete Licht (Ausgangsgröße a). Mit drei Variablen lassen sich $2^3 = 8$ Kombinationen bilden. Die Kombination 000 soll voraussetzungsgemäß keinen Schaltvorgang auslösen; daher erhält die Ausgangsvariable a den Wert null. Ist nur ein Schalter betätigt, so muß Licht brennen. Also erhalten alle Kombinationen mit einer 1 und 2 Nullen in der a-Spalte eine „1". Sind zwei Schalter betätigt, darf kein Licht brennen; denn mit dem einen Schalter wird das Licht eingeschaltet und mit dem anderen Schalter wieder ausgeschaltet. Daher bekommen alle Kombinationen mit zwei Einsen in der a-Spalte eine Null. Sind 3 Schalter eingeschaltet, soll das Licht brennen.

Wahrheitstabelle:

s1	s2	s3	a
0	0	0	0
0	0	1	1
0	1	0	1
0	1	1	0
1	0	0	1
1	0	1	0
1	1	0	0
1	1	1	1

Aus der Wahrheitstabelle erhält man mit Hilfe der disjunktiven Normalform die Funktionsgleichung für eingeschaltetes Licht:

$$a = (\neg\, s1 \wedge \neg\, s2 \wedge s3) \vee (\neg\, s1 \wedge s2 \wedge \neg\, s3) \vee (s1 \wedge \neg\, s2 \wedge \neg\, s3) \vee (s1 \wedge s2 \wedge s3)$$

6.16 Die Schritte des Verfahrens nach *Quine und McCluskey* sind:

1. Stellen Sie die Funktion in disjunktiver Normalform dar.
2. Fassen Sie Terme der Form $(A \wedge \neg\, x)$ und $(A \wedge x)$ in der disjunktiven Normalform zusammen zu A. Reduzieren Sie durch wiederholte Anwendung dieses Verfahrens sukzessive die Anzahl der Variablen in den einzelnen Teilausdrücken. Verwenden Sie dabei die im Buch „Informatik" vorgeschlagene tabellarische Darstellung.

3. Streichen Sie unnötige reduzierte Terme unter Verwendung der im Buch „Informatik“ vorgeschlagenen tabellarischen Darstellung.

6.17 Die Schritte des Verfahrens nach *Karnaugh und Veitch* sind:

1. Stellen Sie die Funktion in disjunktiver Normalform dar. Dieser Schritt ist optional. Man kann die weiteren Schritte dieses Verfahrens durchführen, ohne diesen Schritt durchzuführen. Für den Anfänger dürfte es jedoch einfacher sein, von einer disjunktiven Normalform auszugehen.
2. Stellen Sie die Funktion in Form eines Karnaugh-Veitch-Diagramms dar.
3. Fassen Sie in dieser graphischen Darstellung möglichst große rechteckige Blöcke von Einsen zusammen.
4. Wählen Sie eine möglichst kleine Teilmenge dieser Blöcke so aus, daß jede Eins des Diagramms in mindestens einem Block aus dieser Teilmenge liegt.
5. Beschreiben Sie jeden Block in Form eines Booleschen Ausdrucks, der nur Und-Verknüpfungen von Variablen oder negierten Variablen enthält.
6. Bilden Sie die Oder-Verknüpfung aller so entstandenen Ausdrücke.

6.18 Das Vereinfachungsverfahren nach Quine und McCluskey kann für Funktionen in beliebig vielen Variablen durchgeführt werden. Das Verfahren nach Karnaugh und Veitch ist nur auf Funktionen in bis zu vier Variablen sinnvoll anwendbar. Dafür sind die Karnaugh-Veitch-Diagramme anschaulicher.

6.19 Die Vereinfachung der Funktion erfolgt folgendermaßen:

1.a Die Funktion ist bereits in disjunktiver Normalform und braucht daher nur in die Karnaugh-Veitch-Darstellung gebracht zu werden.

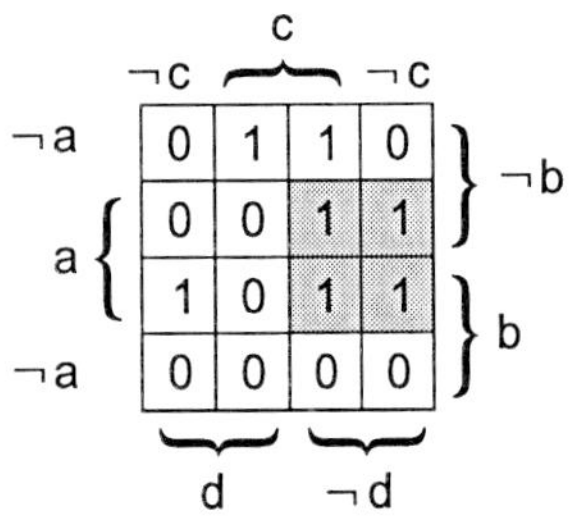

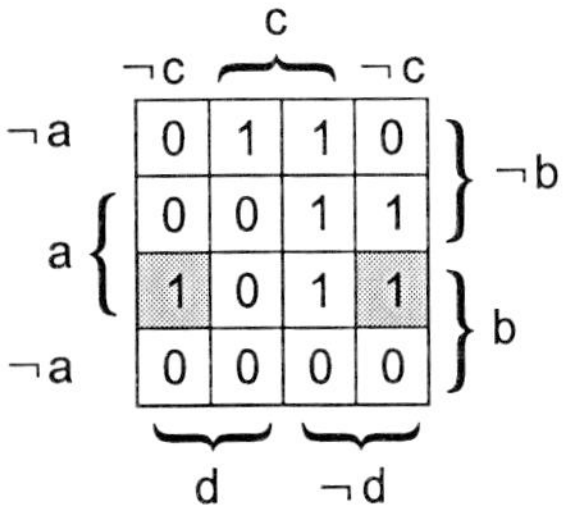

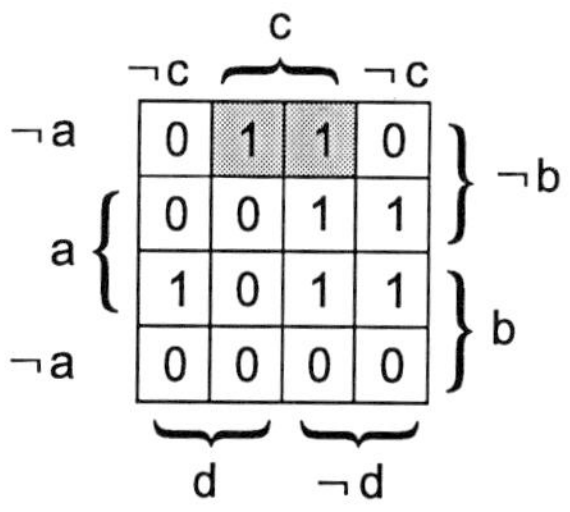

$$f(a, b, c, d) = (a \wedge \neg d) \vee (a \wedge b \wedge \neg c) \vee (\neg a \wedge \neg b \wedge c)$$

1.b Die Funktion ist bereits in disjunktiver Normalform.

Zeile	Gruppe				
1	1	a	b	c	$\neg d$
2		a	b	$\neg c$	d
3	2	a	b	$\neg c$	$\neg d$
4		a	$\neg b$	c	$\neg d$
5		$\neg a$	$\neg b$	c	d
6	3	a	$\neg b$	$\neg c$	$\neg d$
7		$\neg a$	$\neg b$	c	$\neg d$

Wir bezeichnen die Vollkonjunktion in der Zeile i der obigen Tabelle im folgenden als K_i. In der folgenden Tabelle geben die Zahlen in Klammern die Zeilennummern der Zeilen aus der obigen Tabelle an, die zusammengefaßt wurden, um die jeweilige Zeile in der unteren Tabelle zu erhalten. Dicke Linien trennen Mengen von Ausdrücken verschiedenen Typs, wobei Typen durch die im Ausdruck beteiligten Variablen charakterisiert sind. Dünne Linien trennen Gruppen, die nach der Anzahl der Negationen innerhalb der Menge der Ausdrücke eines bestimmten Typs gebildet werden. Nur Ausdrücke vom gleichen Typ und aus benachbarten Gruppen kommen für weitere Zusammenfassungen in Frage. Beachten Sie, daß Gruppen nur dann als benachbart gelten, wenn die Anzahl der Negationen in den Ausdrücken, die sie enthalten, sich um genau Eins unterscheiden.

Zeile				
1 (1,3)	a	b		$\neg d$
2 (4,6)	a	$\neg b$		$\neg d$
3 (1,4)	a		c	$\neg d$
4 (3,6)	a		$\neg c$	$\neg d$
5 (2,3)	a	b	$\neg c$	
6 (5,7)	$\neg a$	$\neg b$	c	
7 (4,7)		$\neg b$	c	$\neg d$

In der folgenden Tabelle geben die Zahlen in Klammern die Zeilennummern der Zeilen aus der obigen Tabelle an, die zusammengefaßt wurden, um die jeweilige Zeile in der unteren Tabelle zu erhalten.

Zeile				
1 (1,2)	a			$\neg d$
2 (3,4)	a			$\neg d$
3 (5)	a	b	$\neg c$	
4 (6)	$\neg a$	$\neg b$	c	
5 (7)		$\neg b$	c	$\neg d$

Für die obige Tabelle gilt: wenn Zeilen doppelt auftreten, kann eine Zeile gestrichen werden.

$R_1 = a \wedge \neg d$ $\qquad$ $R_2 = a \wedge b \wedge \neg c$

$R_3 = \neg a \wedge \neg b \neg c$ $\qquad$ $R_4 = \neg b \wedge c \wedge \neg d$

Streichen unnötiger reduzierter Terme:

<table>
<tr><th></th><th>K_1</th><th>K_2</th><th>K_3</th><th>K_4</th><th>K_5</th><th>K_6</th><th>K_7</th></tr>
<tr><td>R_1</td><td bgcolor="lightgray"></td><td></td><td bgcolor="lightgray"></td><td bgcolor="lightgray"></td><td></td><td bgcolor="lightgray"></td><td></td></tr>
<tr><td>R_2</td><td></td><td bgcolor="lightgray"></td><td bgcolor="lightgray"></td><td></td><td></td><td></td><td></td></tr>
<tr><td>R_3</td><td></td><td></td><td></td><td></td><td bgcolor="lightgray"></td><td></td><td bgcolor="lightgray"></td></tr>
<tr><td>R_4</td><td></td><td></td><td></td><td bgcolor="lightgray"></td><td></td><td></td><td bgcolor="lightgray"></td></tr>
</table>

Die reduzierten Terme R_1, R_2 und R_3 müssen in die endgültige Darstellung aufgenommen werden, da nur sie K_1 bzw. K_2 bzw. K_5

abdecken, $(R_1 \vee R_2 \vee R_3)$ deckt aber alle K_i ab, so daß R_4 gestrichen werden kann.

$$f(a, b, c, d) = R_1 \vee R_2 \vee R_3$$

2.a Beachten Sie, daß Sie die Karnaugh-Veitch-Darstellung erzeugen können, ohne den Ausdruck zuerst in die disjunktive Normalform zu bringen.

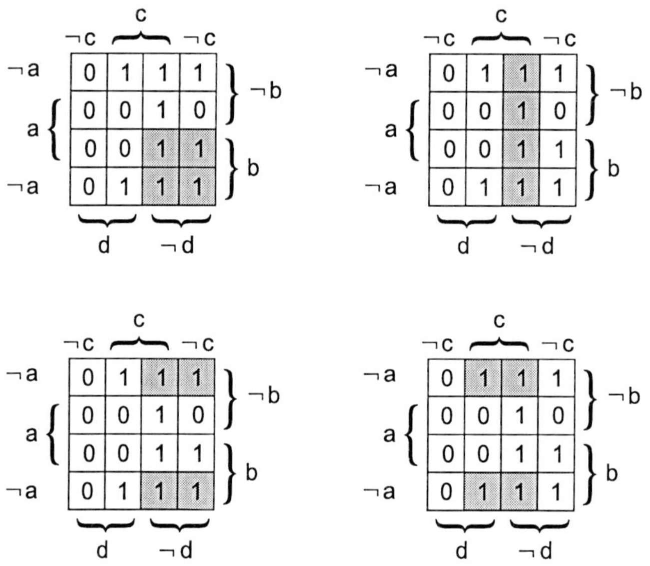

$$f(a, b, c, d) = (c \wedge \neg d) \vee (\neg a \wedge c) \vee (b \wedge \neg d) \vee (\neg a \wedge \neg d)$$

2.b Der Ausdruck muß zunächst in die disjunktive Normalform gebracht werden.

$$\begin{aligned} f(a, b, c, d) = \; & (\neg a \wedge \neg b \wedge c \wedge \neg d) \vee \\ & (\neg a \wedge \neg b \wedge c \wedge d) \vee \\ & (\neg a \wedge b \wedge c \wedge \neg d) \vee \\ & (\neg a \wedge b \wedge c \wedge d) \vee \\ & (\neg a \wedge \neg b \wedge \neg c \wedge \neg d) \vee \\ & (\neg a \wedge b \wedge \neg c \wedge \neg d) \vee \\ & (a \wedge \neg b \wedge c \wedge \neg d) \vee \\ & (a \wedge b \wedge \neg c \wedge \neg d) \vee \\ & (a \wedge b \wedge c \wedge \neg d) \end{aligned}$$

Zeile	Gruppe				
1	1	$\neg a$	b	c	d
2		a	b	c	$\neg d$
3	2	$\neg a$	b	c	$\neg d$
4		$\neg a$	$\neg b$	c	d
5		a	$\neg b$	c	$\neg d$
6		a	b	$\neg c$	$\neg d$
7	3	$\neg a$	b	$\neg c$	$\neg d$
8		$\neg a$	$\neg b$	c	$\neg d$
9	4	$\neg a$	$\neg b$	$\neg c$	$\neg d$

Wir bezeichnen die Vollkonjunktion in der Zeile i der obigen Tabelle im folgenden als K_i.

Zeile				
1 (1,3)	$\neg a$	b	c	
2 (4,8)	$\neg a$	$\neg b$	c	
3 (1,4)	$\neg a$		c	d
4 (2,5)	a		c	$\neg d$
5 (3,8)	$\neg a$		c	$\neg d$
6 (7,9)	$\neg a$		$\neg c$	$\neg d$
7 (2,3)		b	c	$\neg d$
8 (5,8)		$\neg b$	c	$\neg d$
9 (6,7)		b	$\neg c$	$\neg d$
10 (2,6)	a	b		$\neg d$
11 (3,7)	$\neg a$	b		$\neg d$
12 (8,9)	$\neg a$	$\neg b$		$\neg d$

Zeile				
1 (1,2)	$\neg a$		c	
2 (3,5)	$\neg a$		c	
3 (4,5)			c	$\neg d$
4 (7,8)			c	$\neg d$
5 (5,6)	$\neg a$			$\neg d$
6 (11,12)	$\neg a$			$\neg d$
7 (7,9)		b		$\neg d$
8 (10,11)		b		$\neg d$

Für die obige Tabelle gilt: Wenn Zeilen doppelt auftreten, kann eine Zeile gestrichen werden.

$R_1 = \neg a \wedge c$ $\qquad$ $R_2 = c \wedge \neg d$

$R_3 = \neg a \wedge \neg d$ $\qquad$ $R_4 = b \wedge \neg d$

Streichen unnötiger reduzierter Terme:

	K_1	K_2	K_3	K_4	K_5	K_6	K_7	K_8	K_9
R_1									
R_2									
R_3									
R_4									

Die reduzierten Terme R_1, R_2, R_3 und R_4 müssen in die endgültige Darstellung aufgenommen werden, da alle Terme abgedeckt werden müssen.

$$f(a, b, c, d) = R_1 \vee R_2 \vee R_3 \vee R_4$$

Lösungen zu Kapitel 7: Fuzzy-Logik

7.1 • MAXIMUM HEIGHT (maximale Höhe)
• MEAN OF MAXIMA (Maximum-Mittelwert)
• CENTER OF GRAVITY (Schwerpunktmethode)

7.2 Unter dem Schwerpunkt versteht man den Punkt einer vorgegebenen Fläche, in dem man diese Fläche unterstützen muß, so daß sie im Gleichgewicht gehalten werden kann.

7.3 Die Maximum-Mittelwert-Methode erweist sich als ungünstig, wenn im Verlauf des „fuzzy result“ am Ausgang der *Inference engine* plateauartige Verläufe (mit der Steigung null) auftreten. Außerdem kann der berechnete Wert sehr klein werden.

7.4 Die Maximum-Mittelwert-Methode verhält sich in diesem Fall deshalb besonders ungünstig, weil sich bei dem symmetrischen Verlauf der normierten Zugehörigkeitsfunktion des „fuzzy result“ für den scharfen Wert der Wert $x_{crisp\ value} = 1.0$ ergibt, der dadurch gekennzeichnet ist, daß gerade bei diesem Wert die Zugehörigkeitsfunktion des fuzzy result ein Zugehörigkeitsmaß von $\mu(x = 1) = 0$ ergibt.

7.5 Unter *Inferenz* versteht man die Auswertung der Regeln aus der Regelbasis und die anschließende Zusammenfassung der daraus abzuleitenden Handlungsanweisungen (Konklusionen) auf der Grundlage einer speziell implementierten Entscheidungsstrategie.

7.6 • MAX-PROD-Inferenz
• MAX-MIN-Inferenz

7.7 R_k: IF $p_k(e)$ THEN $c_k(u)$

7.8

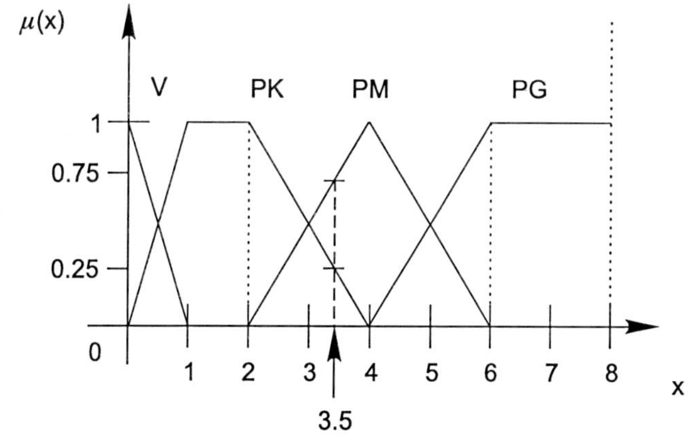

$\mu(x = 3.5)_{\mathrm{PK}} = 0.25$

$\mu(x = 3.5)_{\mathrm{PM}} = 0.75$

V = verschwindend

PK = positiv klein

PM = positiv mittelgroß

PG = positiv groß

Lösungen zu Kapitel 8: Logische Schaltungen

8.1 Unter *positiver Logik* versteht man die Zuordnung

logisch 0 $\rightarrow U_{\text{min}}$

logisch 1 $\rightarrow U_{\text{max}}$

und unter *negativer Logik* die Zuordnung

logisch 0 $\rightarrow U_{\text{max}}$

logisch 1 $\rightarrow U_{\text{min}}$.

Beachten Sie, daß eigentlich den logischen Zuständen nicht diskrete Spannungen, wie oben angedeutet, sondern Spannungsbereiche zugeordnet werden. Beispielsweise kann bei einer positiven Logik dem logischen Wert 0 der Spannungsbereich [0.0 V ... 2.2 V] zugeordnet sein. Diese Spannungsbereiche sind technologisch bedingt.

8.2 Die Funktion eines *Codierers* besteht darin, seine Ausgänge a_j ($j = 0, 1, \ldots, m-1$) so anzusteuern, daß ihre Kombination in der Form ($a_{m-1}\, a_{m-2} \ldots a_1 a_0$) die Binärdarstellung von i ist, wenn der Eingang e_i logisch 1 ist.

8.3 Die Funktion eines *Decodierers* besteht darin, aus einer Anzahl von Ausgängen a_j ($j = 0, 1, \ldots, 2^n - 1$) genau jenen auf logisch 1 zu setzen, dessen Indices j durch die Eingänge e_i ($i = 0, 1, \ldots, n-1$) als Binärzahl dargestellt sind.

8.4 Bei einem *Multiplexer* handelt es sich um eine Schaltung, die aus vielen Eingängen einen auswählt und dessen Information unverändert an den Ausgang durchschaltet. Zur Auswahl eines Eingangs wird die Information, die an Steuereingänge gelegt wird, verwendet.

8.5 Bei einem *Demultiplexer* bestimmen die Steuereingänge S_i ($i = 0, 1, ..., n-1$), an welchen Ausgang a_j ($j = 0, 1, ..., 2^n - 1$) die Information des Eingangs e durchgeschaltet wird.

8.6 Der Eingang des Demultiplexers wird auf logisch 1 gesetzt, und seine Steuereingänge werden als Eingänge des Decodierers verwendet.

8.7 Er benötigt 4 Steuereingänge, und es könnten maximal 16 Ausgänge damit angesteuert werden.

8.8 Er benötigt 4 Steuereingänge, und es könnten maximal 16 Eingänge damit bedient werden.

8.9 Der Ausgang kann für diese Eingangskombinationen sowohl als logisch 0 als auch als logisch 1 betrachtet werden, je nachdem, in welchem Fall die bessere Vereinfachung der Funktion möglich ist.

8.10 Sie beinhalten Schaltelemente (Flip-Flops, Latches), die Information speichern können.

8.11 Man unterscheidet zwischen *asynchroner* und *synchroner sequentieller Logik.* Synchrone Logik kann nur zu bestimmten, diskreten Zeitpunkten den Zustand der Eingangsleitungen übernehmen und Signale verarbeiten, während die asynchrone direkt und jederzeit auf die Änderungen an den Eingängen reagiert.

8.12 Der undefinierte Zustand bei $R = S = 1$ wird beim D-Flip-Flop vermieden.

8.13 Der undefinierte Zustand bei $R = S = 1$ wird beim JK-Flip-Flop vermieden. Im Gegensatz zum D-Flip-Flop bleiben aber die Eingänge zum Setzen und Löschen des Bausteins erhalten.

8.14 Ein Bauteil, das auf einen Zustandswechsel (von 0 auf 1 oder von 1 auf 0) (einen Trigger) an einem bestimmten Eingang wartet und dann die Information von den anderen Eingängen übernimmt, nennt man *flankengetriggert.*

8.15 Beachten Sie bei diesem Beispiel, daß nach den Schaltsymbolen und nicht nach den Schaltungen gefragt wurde.

a. JK-Flip-Flop

J	K	Q_{t-1}	Q_t
0	0	0	0
0	0	1	1
0	1	0	0
0	1	1	0
1	0	0	1
1	0	1	1
1	1	0	1
1	1	1	0

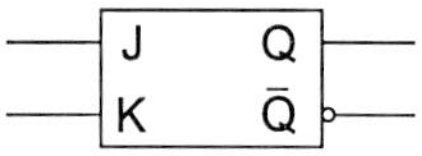

b. D-Flip-Flop

D	Q_{t-1}	Q_t
0	0	0
0	1	0
1	0	1
1	1	1

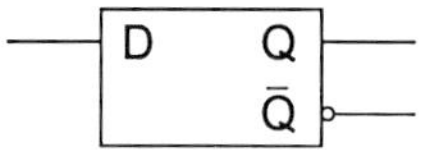

c. RS-Flip-Flop

R	S	Q_{t-1}	Q_t
0	0	0	0
0	0	1	1
0	1	0	1
0	1	1	1
1	0	0	0
1	0	1	0
1	1	0	undefiniert
1	1	1	undefiniert

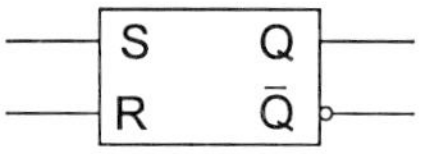

8.16 Sie dienen der Speicherung von Worten (mit mehr als einem Bit) und der Durchführung einfacher Operationen wie dem Verschieben von Worten (shift).

8.17 Bedingt durch den Schaltungsaufbau und die Gatterlaufzeiten schalten die einzelnen Stufen des Zählers nicht gleichzeitig, sondern hintereinander. Deshalb kann während des Zustandswechsels ein falscher Zählerstand ausgelesen werden.

8.18 1 kB = 1000 Bytes und 1 KB = 1024 Bytes.

8.19 Es gibt *statische* und *dynamische RAMs*. Statische RAMs sind im allgemeinen schnell, teuer und besitzen eine geringere Speicherdichte. Dynamische RAMs sind im allgemeinen langsam, billig und haben eine höhere Speicherdichte.

8.20 Ein ROM-Baustein kann nicht beschrieben werden.

8.21 ROM: Read Only Memory.
PROM: Programmable ROM. Einmal programmierbar.
EPROM: Erasable PROM. Mehrmals programmierbar.
Mit UV-Strahlen löschbar.
EEPROM: Electrically EPROM. Elektrisch löschbar.

8.22 Es gibt folgende Möglichkeiten zur Darstellung Boolescher Funktionen:

1. Darstellung in Form von Ausdrücken (disjunktive und konjunktive Normalformen oder allgemeine Ausdrücke).
2. Darstellung in Form von Wahrheitstabellen.
3. Darstellung mittels Karnaugh-Veitch-Diagrammen.
4. Darstellung als logische Schaltungen.

8.23 1.a Im folgenden ist die Schaltung als Boolesche Funktion dargestellt.

$$
\begin{aligned}
f(e_1, e_2, e_3) = \neg\, (((\neg\, e_1 \wedge e_2) \wedge (\neg\, e_1 \wedge \neg\, e_3)) \vee \\
\neg\, (\neg e_1 \wedge \neg\, e_2) \vee \\
(e_1 \vee \neg\, e_2) \vee \\
(\neg\, e_1 \vee e_2) \vee \\
\neg\, (e_3 \wedge \neg\, e_2))
\end{aligned}
$$

1.b Beachten Sie im folgenden, daß die Ausdrücke in den Spaltenüberschriften der Spalten 6 und 9 durch Anwendung des Gesetzes von de Morgan auf die entsprechenden Teilausdrücke der obigen Funktion entstanden sind.

e_1	e_2	e_3	$\neg e_1 \wedge e_2$	$\neg e_1 \wedge \neg e_3$	$\neg e_1 \vee e_2$	$e_1 \vee \neg e_2$	$\neg e_1 \vee e_2$	$\neg e_3 \vee e_2$	f
0	0	0	0	1	1	1	1	1	0
0	0	1	0	0	1	1	1	0	0
0	1	0	1	1	1	0	1	1	0
0	1	1	1	0	1	0	1	1	0
1	0	0	0	0	0	1	0	1	0
1	0	1	0	0	0	1	0	0	0
1	1	0	0	0	1	1	1	1	0
1	1	1	0	0	1	1	1	1	0

1.c Die Schaltung repräsentiert eine Kontradiktion. Auf diesen Schluß könnte man viel schneller kommen, wenn man beobachtet, daß die Teilausdrücke $e_1 \vee \neg e_2$ und $\neg e_1 \vee e_2$, wenn sie disjunktiv verknüpft werden, eine Tautologie ergeben, die noch negiert wird.

2.a Im folgenden ist die Schaltung als Boolesche Funktion dargestellt:

$$f(a, b, c, d) = ((a \vee b) \wedge c) \vee d$$

2.b Die Wahrheitstabelle der Funktion ist auf der nächsten Seite angegeben. Beachten Sie, daß die Spalten statt mit *a, b, c, d* mit *d, c, b, a* beschriftet sind. Diese Beschriftung entstand aus der Bestrebung heraus, in der Wahrheitstabelle einen möglichst großen, geschlossenen Bereich mit 1 zu erhalten.

2.c Die Funktion $f(a, b, c, d)$ ist 1, wenn die Zahl $(d\,c\,b\,a)_2$ größer als 4 ist. Sonst ist sie 0.

8.24 a. Im folgenden ist die Wahrheitstabelle der Funktion angegeben:

a	b	c	f
0	0	0	0
0	0	1	0
0	1	0	0
0	1	1	1
1	0	0	0
1	0	1	1
1	1	0	1
1	1	1	0

Wahrheitstabelle für die Lösung 8.24.

Wahrheitstabelle für die Lösung 8.23:

d	*c*	*b*	*a*	*f*
0	0	0	0	0
0	0	0	1	0
0	0	1	0	0
0	0	1	1	0
0	1	0	0	0
0	1	0	1	1
0	1	1	0	1
0	1	1	1	1
1	0	0	0	1
1	0	0	1	1
1	0	1	0	1
1	0	1	1	1
1	1	0	0	1
1	1	0	1	1
1	1	1	0	1
1	1	1	1	1

b. Die Schaltung ist

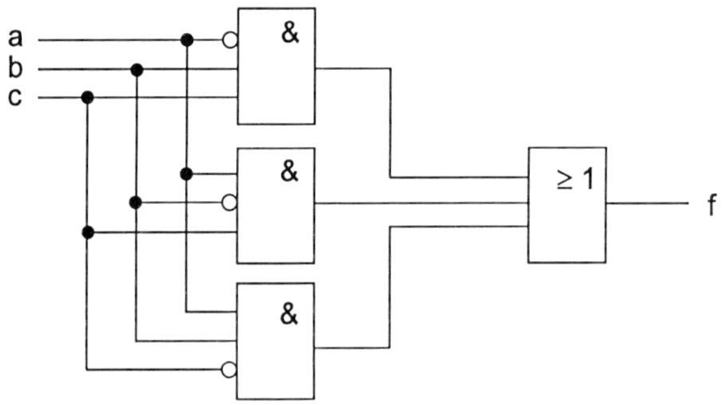

8.25 Man kann feststellen, ob eine Menge von Bits eine gerade oder ungerade Anzahl von Einsen enthält, indem man die Antivalenzverknüpfung (exklusiv Oder) aller Bits in der Menge bildet. Ergibt diese 0, so enthält die Menge eine gerade Anzahl, sonst eine ungerade Anzahl von Einsen.

8.26 Die elektronische Weiche besteht im wesentlichen aus 2 UND-Gattern, die durch das CONTROL-Signal „wahr“ bzw. „invertiert“ angesteuert werden.

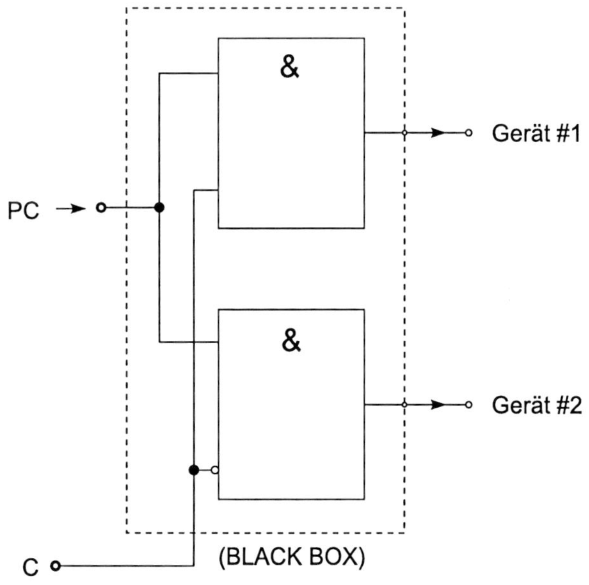

Lösungen zu Kapitel 9: Mikroprozessoren

9.1 Das *Zustandsdiagramm eines Automaten* setzt sich aus den folgenden zwei Teilen zusammen:

1. *Knoten,* die Zustände des repräsentierten Systems darstellen.
2. *Gerichtete Kanten,* die Zustandsübergänge darstellen.

9.2 Ein Automat heißt *endlich,* wenn er eine endliche Anzahl von Zuständen besitzt.

9.3 Ein Automat heißt *deterministisch,* wenn in jedem seiner Zustände der Nachfolgezustand durch die Eingangsinformation *eindeutig* bestimmt wird.

9.4 Der Automat sieht folgendermaßen aus:

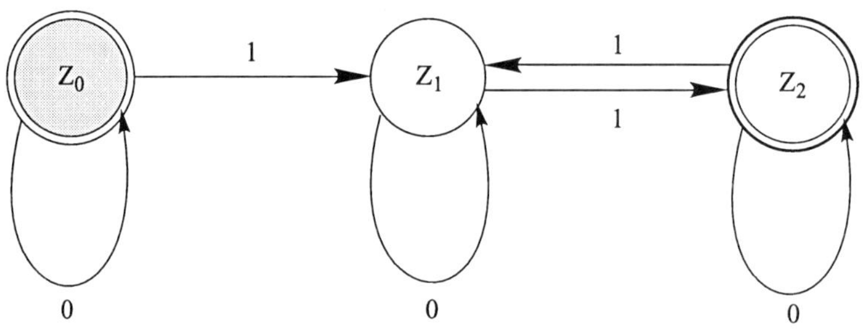

9.5 Einige wesentliche Komponenten eines Prozessors sind:

1. Arithmetic Logic Unit (ALU),
2. Register File (Scratchpad),
3. Busverbindungen,
4. Schnittstellen zu externen Bausteinen,

a. Zu RAM/ROM:

Memory Address Register (MAR)

Memory Buffer Register (MBR)

b. Zu anderen Bausteinen (z.B. Mathematik-Co-Prozessor)

5. Micro Code Logic,

a. Micro Code ROM

b. Micro Instruction Register (MIR)

c. Micro Instruction Counter (MIC)

6. Clock- und Timing-Bausteine

7. Power-up- und Reset-Schaltungen.

9.6 Ein *Bus* ist eine Anzahl paralleler Leitungen, die von mehreren Teilnehmern, z.B. Registern, benutzt werden können (sog. Leitungsvielfach).

9.7 Ein *Bus Arbiter* entscheidet, wer einen Bus zu welchem Zeitpunkt benutzen darf.

9.8

1. *Übertragsanzeige* (engl.: carry)

   Es wird ein Übertrag angezeigt.

2. *Nullanzeige* (engl.: zero status flag)

   Die Nullanzeige hat den Wert 1, wenn im Ergebnis der ALU alle Bits Null sind.

3. *Vorzeichenanzeige* (engl.: sign)

   Hat die Vorzeichenanzeige den Wert 0, liegt ein positiver Wert vor.

9.9 Ein Vorteil der Verwendung von Micro-Programmierung zur Realisierung einer Funktion ist die Einfachheit der Hardware und der zugehörigen Kontrollmechanismen, die sich dadurch ergeben. Ein Nachteil ist die langsamere Ausführungszeit der Funktion im Vergleich zu einer Realisierung in Hardware.

9.10 Ein Micro-Prozessor ist ein Baustein, der sämtliche Komponenten eines Prozessors enthält. Er ist meistens auf die Verarbeitung von Daten mit bestimmter, fixer Wortlänge ausgerichtet.

9.11 Ein Taktgenerator als Bestandteil der *Control Unit* steuert die Bauteile der ALU mit zeitlich verschobenen Taktsignalen wie folgt:

Trigger C1: Die aktuelle Micro-Instruktion wird geladen, es werden Daten auf den A- und B-Bus gelegt, die Funktionen der ALU und des Shift-Registers werden ausgewählt.

Trigger C2: Versorgung der Register A und B mit den Daten, die sich auf den Bussen befinden.

Trigger C3: ungenutzt (Bereitstellung der Zeit für die Durchführung der gewählten Operation durch ALU und Shifter).

Trigger C4: Ergebnis wird vom S-Bus in das Zielregister geladen.

9.12

1. Einlesen des nächsten Befehls in Micro-Code
2. Decodieren des Befehls
3. Setzen der Steuersignale in zeitlich festgelegter Reihenfolge

Lösungen zu Kapitel 10: Computersysteme

10.1 Ein *Maschinenbefehl* wird durch eine Folge von *Micro-Instruktionen* realisiert. Darum sind im Maschinenbefehlssatz meist mächtigere Befehle als im Micro-Code enthalten.

10.2 Ein Micro-Programm zur Maschinencodeinterpretation sieht folgendermaßen aus:

1. Einen Maschinenbefehl aus dem Speicher in das Instruction Register einlesen.
2. Befehl decodieren und gegebenenfalls Operanden laden.
3. Die Operation durchführen und das Ergebnis abspeichern.
4. Bei Punkt 1. fortsetzen.

10.3 Die wichtigsten Klassen von Operationen in Maschinensprachen sind:

- Transfer-Operationen
- arithmetische Operationen
- logische Operationen
- Shift-Operationen
- Input-/Output-Operationen (I/O-Operationen)
- Flow-Control-Operationen
- Stack-Operationen

10.4 Die Eingabe von bzw. die Ausgabe auf periphere Geräte erfolgt bei Rechnersystemen im allgemeinen durch das Lesen von bzw. das Schreiben auf sogenannte *I/O-Ports* (*Input-/Output-Ports*). Die Adreßräume des Hauptspeichers und der I/O-Ports sind beim *independent I/O* disjunkt. Beim *memory mapped I/O* hingegen bilden die I/O-Port-Adressen eine Teilmenge der Hauptspeicheradressen.

10.5 Ein *Call-Subroutine-Befehl* löst auf Micro-Code-Ebene folgende Aktionen aus:

1. Retten des Program-Counters und gegebenenfalls weiterer Register, z.B. des PSW (Program Status Word).
2. Laden des PCs (Programm Counters) mit der im Befehl angegebenen Adresse.
3. Fortsetzen des Programmablaufs.

10.6 Ein *Return-from-Subroutine-Befehl* löst auf Micro-Code-Ebene folgende Aktionen aus:

1. Wiederherstellen der geretteten Register, z.B. des PSW.
2. Laden des PCs mit dem Wert, der beim letzten Subroutine-Call abgespeichert wurde.
3. Fortsetzen des Programmablaufs.

10.7 Der *Subroutine-Call* wird durch einen im ablaufenden Programm eingebauten Maschinenbefehl synchron ausgelöst, während ein *Interrupt* durch unerwartete interne oder externe Ereignisse ausgelöst wird und ein asynchrones Ändern des Programmflusses bewirkt.

10.8 Eine *ISR (Interrupt Service Routine)* ist ein Programmstück, das jedesmal, wenn der zugehörige Interrupt auftritt, automatisch (durch die Hardware) aufgerufen und ausgeführt wird. Sie hat die Aufgabe, auf das Ereignis, das den Interrupt ausgelöst hat, zu reagieren und entsprechende Aktionen zu setzen.

10.9 *Trap* ist die Bezeichnung für einen Interrupt, der durch interne Bedingungen ausgelöst wird.

10.10 Folgende zwei Klassen von Ereignissen können Interrupts auslösen:

1. Interne Ereignisse, z.B. Division durch Null oder ungültige Maschinenbefehlcodes.
2. Externe Ereignisse, z.B. Stromausfall oder Speicherfehler.

10.11 Folgende Operationen sind für einen Stack definiert:

PUSH: Element auf den Stack (Stapel) legen.

POP: Oberstes Element vom Stack nehmen.

10.12 Beim Call werden der PC (Program Counter) und ggfs. andere Register auf den Stack „gepusht“ und beim Return können sie von dort in umgekehrter Reihenfolge wieder „gepopt“ werden.

10.13 Im folgenden sind einige *Adressierungsarten* aufgezählt:

- implied addressing (implizite Adressierung)
- immediate addressing
- register addressing
- direct addressing
- indirect addressing
- program-counter relative addressing
- register-indirect addressing

10.14 a. *direkt:* Die Adresse des Datums ist im Maschinenbefehl gespeichert.

b. *indirekt*: Im Maschinenbefehl ist eine Speicheradresse enthalten, an der die Adresse des Datums steht.

c. *register indirekt:* Im Maschinenbefehl ist angegeben, in welchem Register die Adresse des Datums steht.

d. *program-counter relative:* Im Maschinenbefehl ist ein Displacement angegeben, das zum aktuellen Stand des PCs addiert werden muß, um die entsprechende Adresse zu erhalten. Das Displacement ist eine positive oder negative ganze Zahl.

10.15 Im folgenden sind einige Quellen für Probleme, die beim Instruction-Pipelining auftreten, angegeben:

1. Sprünge (bedingte und unbedingte).
2. Subroutine-Calls.
3. Interfering instructions: Das Ergebnis der n-ten Operation wird als Operand der $(n + 1)$-ten benötigt. Operation n zerstört ein Register, das von Operation $(n - 1)$ noch benötigt wird.

10.16 *Von Neumann-Architektur*: Programme und Daten werden in ein und demselben Speicher gehalten und über einen einzigen Datenbus übertragen.

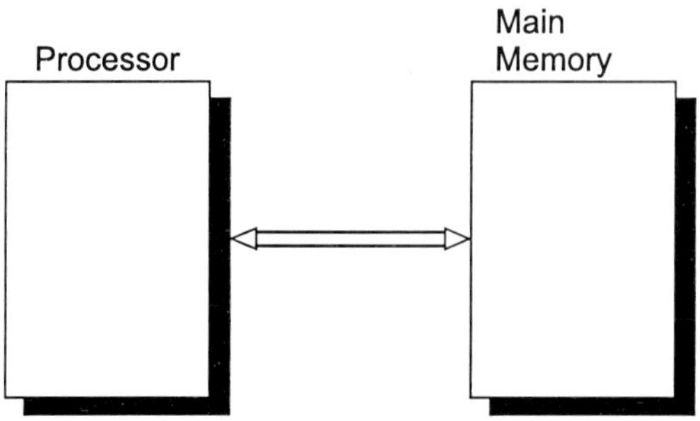

Harvard-Architektur. Programme und Daten werden in getrennten Speichern gehalten und über getrennte Busse übertragen.

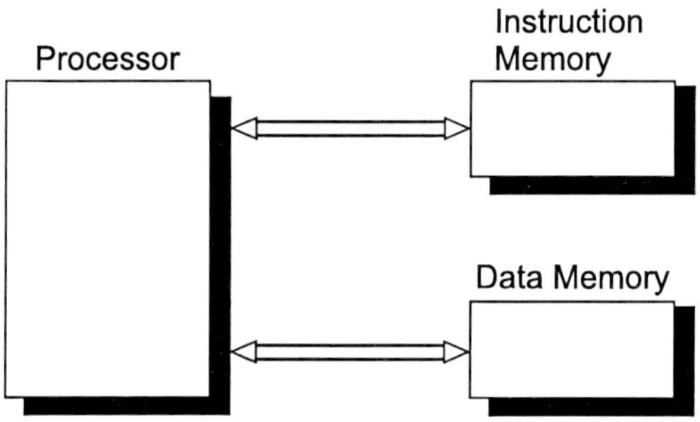

Bemerkung: Die obigen Abbildungen sind mit freundlicher Genehmigung der Autoren dem Buch „Informatik" entnommen.

10.17 Bei der Harvard-Architektur ist ein simultaner Zugriff über getrennte Busse auf getrennten Speichern für Daten und Instruktionen möglich. Dieser Vorteil wird beim Instruction-Pipelining genutzt.

10.18 Die wichtigsten Klassen von *Prozessor-Architekturen* sind:

1. Reduced Instruction Set Computer (RISC) und
2. Complex Instruction Set Computer (CISC).

RIS-Computer verfügen über weniger Befehle als CIS-Computer. Diese werden jedoch schneller ausgeführt, so daß im Endeffekt eine vergleichbare Leistung zustande kommt. RISC besitzen i.a. mehr Register als CISC. Beim RISC ist die verwendbare Taktrate höher als beim CISC.

10.19 Sequentielle direkt hintereinander liegende Befehle können schneller erreicht werden, da Adressen, die in verschiedenen Speicherblöcken liegen, schneller auf den Adreßbus gelegt werden können, als es sonst – bedingt durch die Zugriffszeiten der Bausteine – möglich wäre. Die Daten kommen dadurch ebenfalls schneller beim Prozessor an.

10.20 Durch eine entsprechende Beschaltung der Adreßleitungen wird dafür gesorgt, daß die geraden Adressen im Adreßraum des Prozessors auf die Speicherzellen eines Speicherbausteins und die ungeraden Adressen auf jene eines anderen Bausteins abgebildet werden.

10.21 Cache-Speicher bieten einen schnelleren Zugriff auf Daten und Instruktionen, die öfter (mindestens zweimal) benötigt werden.

Externe Speicher
Hauptspeicher
Cache
Prozessorregister

10.22 Einmal gelesene oder geschriebene Informationen werden in einen schnellen Zwischenspeicher (*Cache*) geladen. Greift der Prozessor auf die Daten zu, die im Cache liegen (*Cache Hit*), dann werden diese in sehr kurzer Zeit geliefert. Sind die angeforderten Daten nicht im Cache (*Cache Miss*), muß auf den langsameren Hauptspeicher zurückgegriffen werden.

10.23 Schreiboperationen können bei einer Rechnerarchitektur mit Cache folgendermaßen durchgeführt werden:

1. *write through:* Daten werden sofort sowohl in den Cache als auch in den Hauptspeicher geschrieben.
2. *write later:* Daten werden nur in den Cache geschrieben, und später zu bestimmten Zeitpunkten werden alle geänderten Daten in den Hauptspeicher übertragen.
3. *buffered write through:* Der Prozessor trägt die Daten in den Cache ein und von dort werden sie transparent für ihn direkt in den Hauptspeicher weitergeleitet.

   Bemerkung: Das im Buch „Informatik" angegebene Verfahren ist eine äquivalente Methode für das *buffered write through.*

10.24 $t_{eff} = h\ t_{cache} + (1 - h)\ t_{main}$

10.25 Die Vor- und Nachteile der einzelnen Schreibverfahren sind:

1. *write through*:
   Vorteil: Datenkohärenz ist gewährleistet.
   Nachteil: sehr langsam.

2. *write later*:
   Vorteil: schnell.
   Nachteil: Datenkohärenz ist nicht gewährleistet bzw. langes Warten, wenn aufgrund eines Zugriffes eines anderen Prozessors Teile des Hauptspeichers aufgefrischt werden müssen.

3. *buffered write through*:
   Vorteil: Datenkohärenz ist gewährleistet und schnell.
   Nachteil: Langsam, wenn mehrere Schreiboperationen schnell aufeinander folgen.

10.26 *DMA* steht für *Direct Memory Access*. Von einem Controller werden Datenübertragungen direkt übernommen, ohne daß die CPU dadurch belastet wird; sie gibt nur den Auftrag zum Transfer (welche und wieviele Daten in welcher Richtung übertragen werden sollen). Der Controller darf direkt auf den Speicher zugreifen (deshalb die Bezeichnung DMA). Eingesetzt wird es überall dort, wo oft große Datenmengen transferiert werden müssen, also z.B., um Daten von oder zu einer Harddisk zu übertragen. Dadurch, daß der Controller diese Transfers übernimmt, wird die CPU frei für andere Aufgaben.

10.27 *Transparent-DMA* und *Cycle-Stealing-DMA* sind zwei Arten von DMA.

10.28 Ein *Controller* ist ein Prozessor, der auf eine spezielle Aufgabe zugeschnitten ist. Harddisk-, Graphik-, Netzwerk- und I/O-Controller sind Beispiele für Controller.

10.29 Der *Abtast-* und *Halteverstärker* ist ein Bestandteil eines *digitalen Signalprozessors* (*DSP*). Er entnimmt einem Eingangssignal zu einem festgelegten Zeitpunkt einen Abtastwert (engl.: *sample*) und speichert diesen Abtastwert bis zum nächsten periodischen Abtastzeitpunkt (engl.: *hold*). Anschließend erfolgt eine *Analog-/Digital-Wandlung* des Abtastwertes.

10.30 *Multimediaprozessoren* stellen eine Weiterentwicklung der Graphikprozessoren dar. Sie enthalten einen *Display-Prozessor*, der die Aufgaben eines Controller-Bausteins übernimmt, und einen *Pixel-Prozessor*. Dieser komprimiert und dekomprimiert Bilddaten mit unterschiedlichen Formaten. Zusätzlich generiert der Multimediaprozessor schnelle Graphik- und Spezialeffekte. Als Ergebnis entsteht der punktweise Aufbau des Bildschirminhaltes.

10.31 Einige wichtige Arten *externer Speicher sind:*

- Plattenspeicher, z.B. Festplatten und Wechselplatten
- Bandspeicher, z.B. Streamer, Kassettenspeicher und DAT (Digital Audio Tape)
- Diskettenspeicher
- CD-Speicher, z.B. CD-ROM (Compact Disk – Read Only Memory)

Lösungen zu Kapitel 11: Prozesse

11.1 Programme werden so geschrieben, daß sie alle Eingaben von einem abstrakten *Standard Input File* lesen. Dabei ist es die Aufgabe des Betriebssystems, zur Laufzeit die Zuordnung des Standard Input Files zu einem bestimmten physikalischen Gerät (Tastatur, Disk-File,...) vorzunehmen.

11.2 Programme werden so geschrieben, daß sie alle Ausgaben auf ein abstraktes *Standard Output File* schreiben. Dabei ist es die Aufgabe des Betriebssystems, zur Laufzeit die Zuordnung des Standard Output Files zu einem bestimmten physikalischen Gerät (Bildschirm, Disk-File, ...) vorzunehmen.

11.3 Während ein *Programm* lediglich eine statische Folge von Befehlen darstellt, bezeichnet ein *Prozeß* den abstrakten Begriff eines Programms in Exekution. Letzterer umfaßt neben dem zugrundeliegenden Programm auch alle anderen während der Ausführung relevanten Objekte, z.B. Daten.

11.4 Ein Programm in Ausführung (Exekution) heißt *Prozeß.*

11.5 Unter *expliziter Parallelität* versteht man eine parallele Ausführung von Teilen eines Gesamtsystems, die bei der Programmierung explizit vorgesehen werden muß.

11.6 Unter *impliziter Parallelität* versteht man eine parallele Ausführung von Teilen eines Gesamtsystems, die bei der Programmierung nicht explizit vorgesehen werden muß, die also bei der Ausführung automatisch gefunden und ausgenutzt wird (Pipelining, ...).

11.7 Im folgenden ist ein Beispiel für eine *Prozeßhierarchie* bei einem Timesharing-System mit zwei Terminals angegeben. Dabei läuft für jedes Terminal ein Shell-Prozeß.

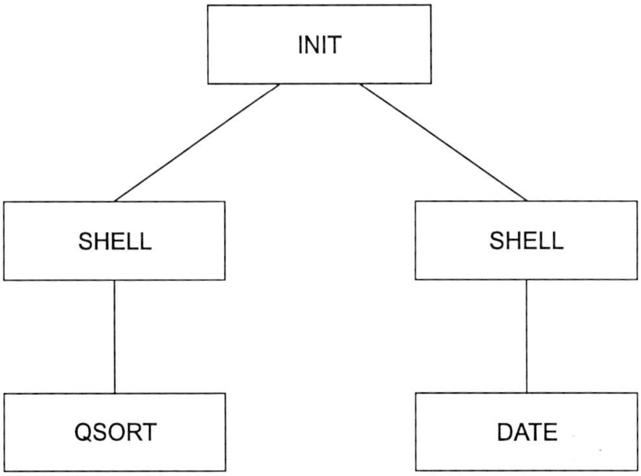

11.8 Das *Prozeß-Scheduling* kontrolliert die Zuteilung von Prozessen zu Prozessoren; das *Dispatching* ist die konkrete Aktion der Zuteilung eines Prozesses zu einem Prozessor.

11.9 Nein, da er durch die Blockierung ja inaktiv geworden ist.

11.10 Die Abbildung ist mit freundlicher Genehmigung der Autoren dem Buch „Informatik“ entnommen.

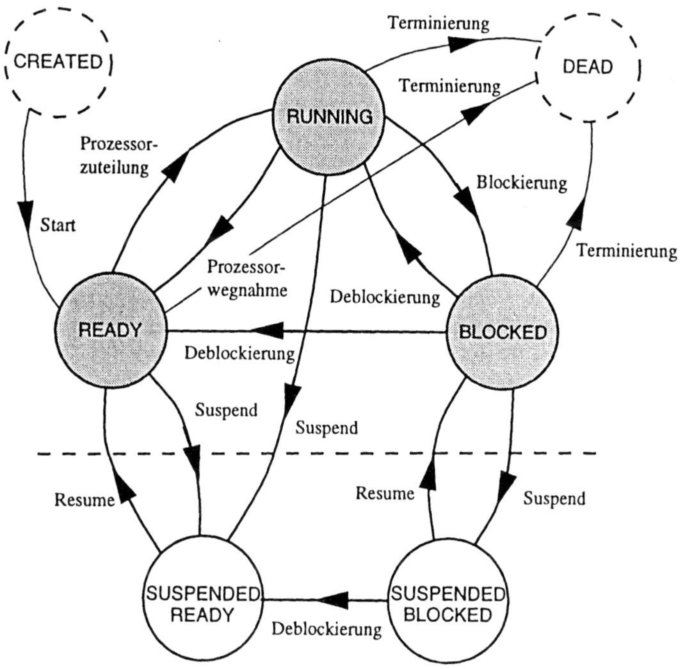

11.11 Nein, da der Zustandsübergang nur durch den Prozeß selbst erfolgen kann, der daher im Zustand RUNNING sein müßte.

11.12 Nein, den Übergang vom Zustand READY in den Zustand BLOCKED kann nur der Prozeß selbst auslösen.

11.13 Ja, da ein Prozeß, z.B. das Betriebssystem, einen anderen Prozeß „von außen lahmlegen" kann, was diesem Übergang entspricht.

11.14 Nein, da ein Prozeß zuerst sich selbst in den Zustand BLOCKED bringen muß, z.B. durch das Warten auf die Beendigung einer I/O-Operation, um dann von einem anderen Prozeß in den Zustand SUSPENDED-BLOCKED versetzt werden zu können.

11.15 Die wichtigsten Einträge in einem *Prozeß Deskriptor* sind:

1. Identifikation des Prozesses (Prozeß-ID, symbolischer Name)
2. Aktueller Prozeßzustand
3. Priorität des Prozesses (ein Maß für die „Wichtigkeit")
4. Inhalte der Prozessor-Register (Register Save Area)
5. Verweise auf das zugrundeliegende Programm und die Daten
6. Verweise auf das Standard Input und Standard Output File
7. Verweise auf die anderen benutzten Objekte, z.B. weitere Files
8. bei Prozessen, die sich im Zustand BLOCKED befinden: das deblockierende Ereignis

11.16 Den Inhalt aller relevanten Register des Prozessors bei der Ausführung eines Prozesses nennt man den *Context* des Prozesses.

11.17 Beim *Mehrebenenscheduling* werden Aufgaben zu Gruppen zusammengefaßt. Das „Gruppen"-Scheduling entscheidet, welche Gruppen zur Ausführung zugelassen werden. Ein „Aufgaben"-Scheduler besorgt die Zuteilung der Aufgaben der zugelassenen Gruppen zu einer Ausführungseinheit.

11.18 Ein Beispiel für ein Scheduling mit mehreren Ebenen ist das Job- und Prozeß-Scheduling. Ein Job-Scheduler entscheidet, welche Jobs, die aus mehreren Prozessen bestehen, zur Ausführung zugelassen werden. Ein Prozeß-Scheduler besorgt die Zuteilung der Prozesse der zugelassenen Jobs zu Prozessoren.

11.19 Einige Anforderungen an Scheduling-Algorithmen sind:

1. *Fairneß:* gerechte Verteilung der Prozessorkapazität
2. *Effizienz:* möglichst optimale Auslastung der Prozessoren
3. *Durchsatz:* Maximierung der Anzahl der verarbeiteten Jobs
4. *Antwortzeiten:* rascher Response (besonders bei interaktiven Prozessen)
5. *Minimierung des Scheduling-Overhead*

11.20 Zwei Scheduling-Verfahren für das Prozeß-Scheduling sind:

1. Round Robin Scheduling
2. Static Priority Scheduling

11.21 Die READY-Prozesse werden zyklisch für die Dauer eines Quantums (Time-Slices) RUNNING.

11.22 RUNNING ist immer der höchstpriore Prozeß.

11.23 Der RUNNING-Prozeß muß in BLOCKED oder SUSPENDED-READY übergehen.

11.24 Die Gefahrenmomente, die das Static Priority Scheduling birgt, sind:

1. *Starvation* („Verhungern"): Das heißt, es ist möglich, daß niedrigpriore Prozesse nie in den Zustand RUNNING gelangen.
2. *Monopolisierung* der Prozessoren durch einige hochpriore Prozesse.

11.25 *Adaptives Scheduling* versucht, durch die Auswertung von Informationen, die während des Betriebs gesammelt werden, eine möglichst gute dynamische Anpassung an die jeweilige Situation („ungerechte" Lastverteilung, Hochlastfälle, Engpässe,...) durchzuführen.

11.26 Die Probleme, die eine gute Scheduling-Strategie mit dynamischen Prioritäten lösen sollte, sind:

1. Die Monopolisierung der Prozessoren durch bestimmte Prozesse
2. Die Starvation niedrigpriorer Prozesse

11.27 Die Prioritäten der Prozesse, die sich im Zustand RUNNING befinden, werden in regelmäßigen Abständen um eine Größe *b* erniedrigt, die der

Prozesse, die sich im Zustand READY befinden, um einen Wert *a* erhöht.

11.28 Ein Thread besteht aus einem Registersatz des Prozessors einschließlich eines thread-eigenen *Program Counters* und den dazugehörigen lokalen Variablen (sog. *thread-spezifische Daten*). Ein Thread kann auch als *Lightweight Process* aufgefaßt werden, vergleichbar mit einer „abgespeckten“ Version eines Prozesses. Im Englischen findet man die Bezeichnung „thread of control“, was soviel heißt wie „Faden der Befehlsabarbeitung“.

11.29 Beim Multi-Threading übernehmen mehrere Threads die parallele Verarbeitung, wobei der dazugehörige Prozeß nur noch die umgebende Hülle (in der Art eines Containers) für seine Threads, Ressourcen usw. bildet.

11.30 Das *Thread-Management* gibt die genauen Bedingungen und Regeln für die Koordination der Threads vor.

11.31 Ja, da alle Threads eines Prozesses im gleichen Prozeßraum agieren. Damit haben Threads auch den Zugriff auf die gleichen Ressourcen und Objekte ihres Prozesses.

11.32 Nein, da sie auf die gleichen Ressourcen und Objekte Zugriff haben.

Lösungen zu Kapitel 12: Speicherverwaltung

12.1 Durch die Verwendung eines großen Externspeichers als (virtuellen) Hauptspeicher, von dem nur die momentan tatsächlich benötigten Teile in den physikalischen Speicher der Maschine geladen werden, wird ein wesentlich größerer Adreßraum simuliert.

12.2 Die zwei Segmente sind:

1. das Codesegment und
2. das Datensegment.

12.3 Die virtuellen Adressen werden bei der Übersetzung und beim Linken festgelegt, die physikalischen Adressen erst beim Binding zur Laufzeit.

12.4 Unter *Binding* versteht man die Zuordnung einer virtuellen zu einer physikalischen Adresse.

12.5 Bei einfachen Systemen wie MS-DOS (MS-DOS ist ein eingetragenes Warenzeichen der Microsoft Corporation) kann der virtuelle Adreßraum eines Programms einfach durch den Ladevorgang mit dem physikalischen in Übereinstimmung gebracht werden. Dies ist beim Multiprocessing nicht möglich, da mehrere Programme mit „gleichem" virtuellem Adreßraum nicht einfach übereinander geladen werden können.

12.6 Eine gute Memory-Protection soll gegen die Zerstörung von Daten und Instruktionen eines Prozesses durch andere Prozesse und durch unbeabsichtigte eigene Zerstörungsversuche (etwa durch Programmierfehler) Schutz bieten.

12.7 Ein *statischer Linker* fügt die *Relocateable Object Files* der benötigten Module segmentweise zu einem ausführbaren Maschinenprogramm zusammen. Dabei werden die Unresolved External Addresses aufgelöst und die Zuordnung der virtuellen Adressen fixiert.

12.8 *Unresolved External Addresses* führen zur Laufzeit zur Aktivierung des Runtime-Linkers, der etwa die benötigte Prozedur in einer Runtime-Library sucht und dynamisch zuordnet.

12.9 Das dynamische Linken vermeidet die Verschwendung von Speicherplatz durch universelle (also in mehreren Programmen verwendete) oder selten gebrauchte Module.

12.10 Durch zweidimensionale Adreßräume kann das Problem des „Ineinanderwachsens" mehrerer dynamisch wachsender Segmente vermieden werden.

12.11 Die folgende Abbildung wurde dem Lehrbuch „Informatik" entnommen.

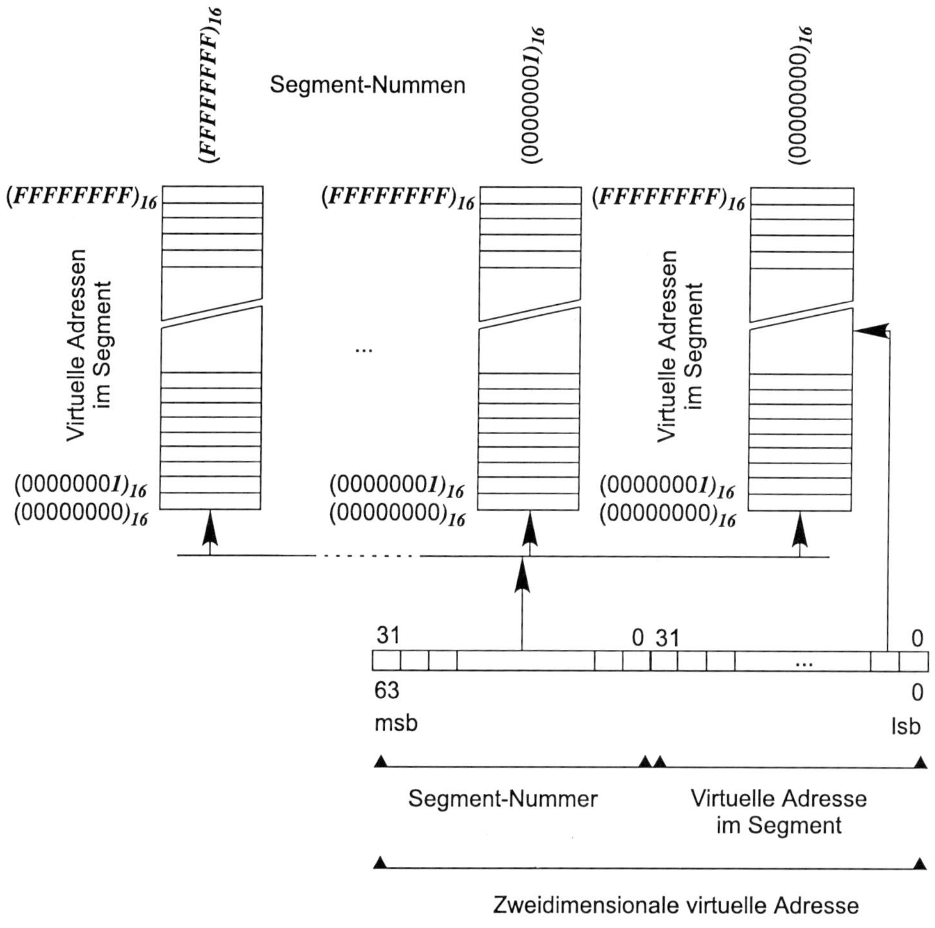

12.12 Zwei Techniken für die virtuelle Speicherverwaltung sind:

1. Swapping und
2. Paging.

12.13 Ein Programm heißt *reentrant*, wenn es gleichzeitig von mehreren Prozessen ausgeführt werden kann.

12.14 Das Binding kann beim Swapping auf der Basis von *Base-Address-Registers*, also indizierten Zugriffen, erfolgen.

12.15 Beim Swapping werden die Prozeß-Images als Ganzes zwischen dem externen und physikalischen Speicher bewegt. Das *Roll-In* eines Images (also das Laden eines Images in eine freie Partition im physikalischen Speicher) erfolgt immer dann, wenn im Zuge des Schedulings ein nicht residenter Prozeß ausgeführt werden soll. Falls keine freie Partition existiert, muß ein anderes residentes Image (oder mehrere) ausgelagert werden (*Roll-Out*).

12.16 Zwei Maßnahmen für die *Memory-Protection* sind:

1. Pro Segment je ein Upper- und Lower Bound Register verwenden

und

2. Storage Keys.

12.17 Drei Verfahren zur *variablen Partitionierung* des physikalischen Speichers sind *First Fit*, *Best Fit* und *Buddy*.

12.18 Nachteile der variablen Partitionierung eines Speichers sind External und Internal Fragmentation.

12.19 Zur Milderung der Auswirkungen der External Fragmentation bei variabler Partitionierung eines Speichers kann man periodische Speicherkompaktifizierung durchführen.

12.20 Einige Vor- und Nachteile des Swapping sind:

Vorteile: Einfach, lediglich ein Minimum an Hardware-Unterstützung nötig.

Nachteile: Restriktion bezüglich der maximalen Größe der virtuellen Adreßräume; Roll-In/-Out hauptsächlich von identischen (nicht veränderten) Daten; Probleme mit der Fragmentation; Unflexible Memory-Protection; Probleme mit dynamisch wachsenden Segmenten (Prozeß-Images).

12.21 Dabei werden sowohl der virtuelle Adreßraum der Prozesse als auch der physikalische Speicher in gleich große Blöcke (Pages und Page-

Frames) eingeteilt. Durch entsprechende Hardware werden immer nur jene Pages speicherresident gehalten (also gegebenenfalls vom Externspeicher geladen), die auch tatsächlich im Zuge der Exekution benötigt werden. Dabei müssen im allgemeinen andere Pages ausgelagert werden.

12.22 *Zeitliche Lokalität* heißt, daß eine erst kürzlich referenzierte (virtuelle) Adresse mit hoher Wahrscheinlichkeit bald wieder referenziert werden wird. *Örtliche Lokalität* läßt den Schluß zu, daß im Falle einer erst kürzlich referenzierten Adresse die Nachbaradressen mit hoher Wahrscheinlichkeit ebenfalls bald referenziert werden.

12.23 Die Aussage stützt sich auf das Prinzip der Lokalität der Referenzen.

12.24 Wenn die Summe der Anzahlen der Pages in den Working-Sets der aktiven Prozesse größer ist als die Anzahl der existierenden Page-Frames, kommt es zu einer Überlastung des Systems. In diesem Zustand ist das System vorwiegend mit dem Laden benötigter Pages beschäftigt, und es steht praktisch keine Zeit mehr für die Verarbeitung der Prozesse zur Verfügung. Diesen Überlastungszustand, der eine starke Leistungsreduktion des Systems mit sich bringt, nennt man *Trashing*.

12.25 Eine Referenz auf eine nicht speicherresidente Page eines Prozesses ruft einen Page-Fault hervor.

12.26 Vier Techniken für das *Page Replacement* beim Paging sind:

1. *First In First Out* (FIFO)

   Jede Page bekommt zum Zeitpunkt ihres Ladens einen Zeitstempel. Wenn ein Page-Fault aufzulösen ist, wird die „älteste" Page ersetzt.

2. *Least Recently Used* (LRU) Jene Seite, die am längsten nicht benutzt wurde, wird ersetzt.

3. *Least Frequently Used* (LFU) Jene Seite, die am seltensten benutzt wurde, wird ersetzt.

4. *Not Used Recently* (NUR) Anstelle eines Reference Counters pro Page wird nur noch eine Kennung vergeben (Referenced/Not Referenced). In gewissen Abständen werden die Kennungen aller Pages auf Not Referenced gesetzt (entspricht dem Aging).

12.27 Die ungefähre Größe der Working-Sets von Prozessen kann durch die Beobachtung der Page-Fault Frequency der Prozesse erfaßt werden.

12.28 Die folgende Abbildung ist dem Buch „Informatik" entnommen. Sie zeigt die Adreßumformung beim Paging.

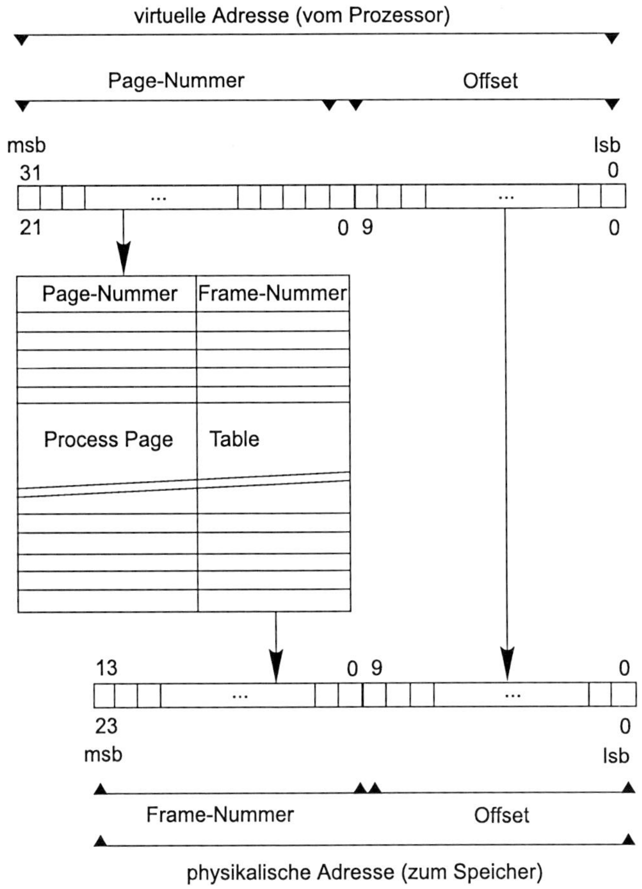

12.29 Beim *Demand Paging* wird eine Page immer erst als eine Reaktion auf einen Page-Fault in den Speicher geholt. Beim *Anticipate Paging* versucht man, durch „vorausblickendes" Laden einem solchen zuvorzukommen.

12.30 Einige Vor- und Nachteile des Paging sind:
Vorteile: Große virtuelle Adreßräume,
Implizierte Memory-Protection-Sharing
Nachteile: Timing-Probleme; Die Einheit „Page" hat keine logische Bedeutung.

12.31 Die Zuordnung der physikalischen Speicherbereiche erfolgt genau wie beim Swapping mit allen diesbezüglichen Problemen.

Lösungen zu Kapitel 13: Interprozeß-Kommunikation

13.1 Unter *Interprozeß-Kommunikation* versteht man den Austausch von Nachrichten zwischen Prozessen.

13.2 *Race Conditions* liegen vor, wenn das Resultat einer parallelen Abarbeitung eines Programms von der relativen „Geschwindigkeit" der parallelen Aktionen abhängt.

13.3 Ja, da die Aktionen des Prozeß-Schedulers nicht vorhersehbar (also für einen Prozeß transparent) erfolgen, und somit jede beliebige relative Geschwindigkeit der Ausführung der parallelen Prozesse möglich ist.

13.4 Ein Prozeß, der eine Ausgabe auf den Drucker durchführen will, schreibt diese nicht direkt auf den Printer, sondern auf ein File auf der Disk. Es ist die Aufgabe eines eigenen Server-Prozesses, diese Spool-Files tatsächlich auszugeben.

13.5 Der Hauptvorteil des *Spooling-Betriebs* liegt in der hohen Verfügbarkeit des Spoolers im Vergleich zum Drucker. Prozesse können ihre Ausgaben am Spooler durchführen, ohne darauf achten zu müssen, ob der entsprechende Drucker bereits von einem anderen Prozeß verwendet wird.

13.6 Ein Beispiel für eine *Deadlock-Situation* findet man im sogenannten Dining Philosopher's Problem.

Lösungen zu Kapitel 14: Netzwerke

14.1 Die Abkürzung *LAN* steht für *Local Area Network.* Darunter versteht man ein Netzwerk mit einer Anzahl von Hosts, die durch ein *Communication Subnet* miteinander verbunden sind. Die räumliche Ausdehnung ist auf etwa 1 km begrenzt.

14.2 Die Abkürzung *WAN* steht für *Wide Area Network.* Darunter versteht man ein Netzwerk mit einer Anzahl von Hosts, die durch ein *Communication Subnet* miteinander verbunden sind. Die räumliche Ausdehnung erreicht einige 1.000 km ggfs. unter Einbeziehung von Satelliten-Übertragungsstrecken.

14.3 Eine Übertragungsstrecke verbindet zwei *Interface Message Processors* (IMPs). Dabei kann jeder IMP Anfangs- oder Endpunkt mehrerer Übertragungsstrecken sein.

14.4 In diesem Layer erfolgt die bitweise Übertragung auf physikalischen Übertragungsstrecken (z.B. Lichtwellenleiter, Koaxialkabel, Twisted Pair, Funkstrecken...). Dabei kommen nachrichtentechnische Codierungsverfahren wie z.B.

- *Frequency Shift Keying (FSK)*
- *Phase Shift Keying (PSK)*
- *Differential Phase Shift Keying (DPSK)*

zur Anwendung. In diesem Layer wird u.a. die wichtige Aufgabe der *Bittaktsynchronisation* zwischen Sender und Empfänger gelöst.

14.5 Der *Data Link Layer* hat die Aufgabe, eine fehlerfreie Datenübertragung zu gewährleisten. Dazu werden die vom Network Layer (Layer 3) kommenden Daten in Blöcke portioniert (mit einer Größe zwischen einigen zehn und hundert Bytes) und mit einem *Header* und *Trailer* versehen. Dadurch ergibt sich ein sog. *Data Frame.* Während der Header den Beginn des Frames markiert, kennzeichnet der Trailer das Ende des

Frames. Dabei enthält der Trailer eine *CRC-Checksumme,* mit deren Hilfe *Fehlererkennung* betrieben wird.

14.6 Im Data Link Layer müssen verlorengegangene oder verfälschte Frames erkannt und erneut gesendet werden. Dabei ist der jeweilige *Acknowledge Frame* des Empfänger-IMPs auszuwerten, um duplizierte Frames im Netz zu vermeiden.

14.7 Die Hauptaufgabe des Network Layers besteht darin, das *Routing* vorzunehmen. Dabei wird untersucht, über welche IMPs (Weg durch das Netz) ein Datenpaket am effizientesten zu seinem Ziel geschickt werden kann.

14.8 Da die Errichtung, der Betrieb und die Wartung eines Communication Subnets z.T. erhebliche Kosten verursacht, werden den Benutzern des Netzes die in Anspruch genommenen Ressourcen nach Art, Menge, zeitlicher Nutzungsdauer in Rechnung gestellt. Das *Accounting* erlaubt aber auch die statistische Auswertung des Betriebes im Netz. Die erforderlichen Daten werden durch das Accounting im Netz erfaßt.

14.9 Das Zugriffsverfahren CSMA/CD wurde entwickelt, um den Nachteil des einfachen Verfahrens CSMA bezüglich Kollisionen und damit zerstörter Nachrichten zu beseitigen und zu einer ungestörten Nachrichtenübertragung zu kommen. Dabei verfährt eine sendewillige Station den Nachrichtenverkehr auf dem Übertragungskanal nach folgenden Regeln:

- Wird eine Kollision erkannt, so sendet die erkennende Station ein Störsignal aus, um alle übrigen Stationen von der erkannten Kollision zu unterrichten und bricht darauf die eigene Sendung ab.
- Nach der Aussendung dieses Störsignals pausiert die betreffende Station für eine zufällig gewählte Zeit, um daraufhin die Sendung zu wiederholen.

14.10 Beim *Token-Ring* wird die Kommunikation zwischen mehreren Stationen dadurch geregelt, daß ein sog. *Token* von einer Station an eine andere im Netzwerk übergeben wird. Jeweils die Station, die im Besitz des Tokens ist, hat die Erlaubnis, eine Nachricht auf den Nachrichtenkanal zu senden. Der Versender einer Nachricht kann sich somit sicher sein, daß seine Sendung kollisionsfrei (und damit störungsfrei durch mögliche Kollisionen) beim Empfänger ankommt. Im Netzwerk wird dieser Token durch ein spezielles Bitmuster realisiert (sog. *Frei-Token*). Eine sendewillige Station nimmt den *Frei-Token* vom Nachrichtenkanal auf, wandelt ihn durch Veränderung des Bitmusters in einen *Besetzt-Token* um und verschickt die Nachricht. Ist die Nachricht beim Empfänger angekommen, sendet dieser eine Quittung an den Absender. Dabei gibt der Empfänger den Token im Netzwerk wieder frei, indem er das Bitmuster vom Besetzt- zum Frei-Token umwandelt. Eine andere Station kann sich nun des Frei-Tokens bedienen, um ihrerseits eine Nachricht über das Netzwerk zu versenden.

Dieses Verfahren erlaubt allen Stationen gleichberechtigt die Nutzung der Ressource Datenübertragungsmedium und arbeitet konzeptbedingt kollisionsfrei. Allerdings steigt mit steigender Stationsanzahl auch die Umlaufzeit im Netzwerk, bis alle Stationen einmal eine Nachricht versenden können. Außerdem ist die Token-Weitergabe zu überwachen sowie eine Reinitialisierung eines Tokens nach Tokenverlust erforderlich. Wenn auch nur an einer Stelle der Ring fehlerhaft unterbrochen wird, steht das gesamte Netz.

Lösungen zu Kapitel 15: Betriebssystem-Struktur

15.1 Ein *Betriebssystemkern* (auch als *Kernel* oder *Nucleus* bezeichnet) umfaßt die untersten Schichten des gesamten Betriebssystems.

15.2 Die wichtigsten Schichten eines herkömmlichen Betriebssystems sind:

- Prozeß-Interface
- Resource-Management
- Speicherverwaltung
- Interprozeß-Kommunikation
- Prozeß-Management
- Interrupt Handling

15.3 Das folgende Bild zeigt ein Beispiel eines traditionellen Schichtenmodells für ein Betriebssystem:

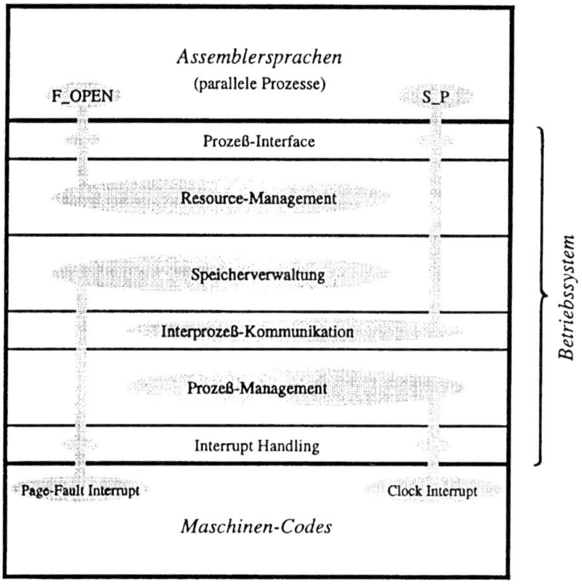

15.4 Ereignisse, die Aktionen des Betriebssystems auslösen, können *System Calls* und *Interrupts* aus den Prozessen und der Hardware sein.

15.5 Unter einem *Trap* versteht man einen Software-Interrupt-Befehl, der die gleiche Wirkung wie ein Interrupt hat; d.h., die normale Exekution des Prozessors wird unterbrochen. Nach dem „Retten" der wichtigsten Register wird das Programm gestartet, dessen Startadresse im zugehörigen *Trap-Vektor* eingetragen wurde.

15.6 Die Arbeitsweise eines *Remote Procedure Calls* kann wie folgt beschrieben werden:

1. Das Betriebssystem des Hosts A packt im Zuge der Ausführung des für nicht-lokale Objekte zuständigen Teiles von S_P eine Bezeichnung und die Parameter in eine Message. Weiter werden Informationen über den anfordernden Prozeß wie Prozeß-ID, Priorität usw. beigefügt.
2. Diese Message wird an den zuständigen Serverprozeß auf dem Host B geschickt. Der auf dem Host A befindliche Client-Prozeß muß nun auf eine Rückmeldung warten und wird in den Zustand BLOCKED versetzt.
3. Der RPC-Server erzeugt einen eigenen Thread (den Client Agent).
4. Dieser Client Agent exekutiert nun sein Programm. Bevor dieser Programmprozeß terminiert, erfolgt eine Rückmeldung als Message an den Client-Prozeß auf dem Host A.
5. Der Client-Prozeß auf dem Host A empfängt die Message des Client Agents. Dadurch wird er vom Zustand BLOCKED in den Zustand READY versetzt, so daß die Ausführung des für globale Objekte zuständigen Teiles von S_P wieder fortgesetzt werden kann.

15.7 Solche Aufgaben sind:

- elementares Interrupt Handling
- Prozeß-Management
- Interprozeß-Kommunikation

15.8 Die Realisierung solcher Kernfunktionen in Hardware führt dazu, extrem schnelle Kernels entwickeln zu können. Solche Kernfunktionen verschieben sich in Richtung „Maschinencodes". Beispiel: eigene Maschinenbefehlssequenzen für den *Context Switch*.

Lösungen zu Kapitel 16: Resource-Management

16.1 Unter *Type Management* versteht man die betriebssysteminterne Verwaltung von diversen Objekten.

16.2 Diese Speichermethoden sind:

1. *Access Control List (ACL)*
   Die Access Control List enthält die spaltenweise Speicherung der nicht-leeren Elemente der Protection Matrix. Die ACL eines Objektes ist eine Liste von Paaren (Protection Domain, Rechte). Wenn ein Programmprozeß auf ein bestimmtes Objekt zugreifen will, wird zuvor geprüft, ob die Protection Domain des Programmprozesses in der ACL zu finden ist und ob die zugehörigen Rechte für diesen Zugriff ausreichen.

2. *Capabilities*
   Im Fall der *Capabilities* wird jedem Programmprozeß eine *Capability List* (C-List) zugeordnet, die Paare der Form (Objekte, Rechte) enthält. Wenn ein Programmprozeß ein bestimmtes Objekt verwenden will, überprüft das Betriebssystem die Berechtigung mittels der C-List.

16.3 Device-Unabhängigkeit wird durch all jene Maßnahmen bewirkt, die ein einheitliches Interface zu den unterschiedlichsten Objekten unterstützen.

16.4 Die Position eines Files im Directory Tree wird durch eine Folge von Directory-Namen angegeben, die dem Weg von der Wurzel (engl.: *root*) des Baumes bis zum gesuchten Knoten entspricht.

16.5 Viele Betriebssysteme verwalten für jeden Programmprozeß ein sog. *Current Directory*. Dieses Directory kann als Wurzel eines Unterbaumes im Directory Tree aufgefaßt werden.

16.6 Der relative Pfadname eines Files ist die durch *Path Name Delimiter* getrennte Folge von Directory Namen vom Current Directory bis zum File.

16.7 Unter *Disk Scheduling* versteht man die Implementierung einer Strategie, nach der auf die Disk zugegriffen wird. Bei der vorliegenden Angabe wäre es z.B. wenig effizient, zuerst auf Spur 78, dann auf Spur 4 und dann wieder auf Spur 50 zu gehen; vielmehr wird man versuchen, die Reihenfolge anders zu gestalten als: Spur 4, Spur 50, Spur 78, um die Hardware möglichst zeit-effektiv zu nutzen.

16.8 Eine Segmentliste für ein File enthält die Auflistung aller Segmente, aus denen ein File besteht (dies wird erforderlich, weil logisch aufeinanderfolgende Records eines Files in der Regel nicht zusammenhängend über die Disk verteilt gespeichert sind).

16.9 Unter *Anticipatory Fetch* versteht man das vorausschauende Hereinholen eines oder mehrerer Blöcke, die voraussichtlich als nächste benötigt werden.

16.10 Während beim *Insert Mode* an der Position des Cursors ein Zeichen eingefügt wird und alle nachfolgenden Zeichen nach rechts entsprechend weiter rücken, wird beim *Overstrike Mode* das jeweils vor dem Cursor befindliche Zeichen überschrieben.

16.11 Die vier notwendigen Bedingungen für die Entstehung einer Deadlock-Situation sind:

1. *Mutual Exclusion* (ein bestimmtes Objekt kann zu jedem Zeitpunkt von höchstens einem Programmprozeß benutzt werden).
2. *Resource Waiting* (wenn ein angefordertes Objekt besetzt ist, geht der anfordernde Programmprozeß in den Zustand BLOCKED über).
3. *Partial Allocation* (Programmprozesse, die bereits im Besitz von Objekten sind, können die Zuteilung weiterhin beantragen).
4. *Nonpreemption* (ein einmal zugeteiltes Objekt kann nur vom Programmprozeß selbst zurückgegeben werden, nicht aber von außen dem Programmprozeß weggenommen werden).

Lösungen zu Kapitel 17: Human Interface

17.1 Das *Human Interface* hat die Aufgabe, einem menschlichen Benutzer die Fähigkeiten (engl.: capabilities) des Betriebssystems zur Verfügung zu stellen.

17.2 Ein Programmprozeß bekommt nicht mehr nur eine User-ID zugeteilt, sondern darüber hinaus auch noch eine Group-ID sowie eine Organisations-ID.

17.3 Die Legitimation für die Benutzung von Ressourcen wird durch einen *Account* festgelegt. Er enthält die Zuordnung zu einer User-ID, Group-ID und Organisations-ID. Darüber hinaus wird auch das Home Directory für den Benutzer festgelegt und gegebenenfalls der Programmprozeß festgelegt, der nach erfolgreichem Login zu starten ist.

17.4 Durch die abschließende Prozedur *Logout* werden alle erzeugten Programmprozesse beendet, alle geöffneten Windows geschlossen; auf dem Bildschirm erscheint die Aufforderung zum *Login.*

17.5 Die *Job Control Language* muß die von einem Window stammenden Eingabezeilen lesen, nach ihrer syntaktischen Struktur in Befehl und Argumente aufteilen und anschließend zur Ausführung bringen.

Lösungen zu Kapitel 18: Assemblersprachen

18.1 Eine *Assemblersprache* ist eine symbolische Notation zur Erstellung von Programmen in Maschinensprache. Jeder Befehl der Assemblersprache entspricht (von einigen Ausnahmen abgesehen) genau einem Befehl der Maschinensprache. Das Übersetzerprogramm, das diese Sprache in Maschinenbefehle übersetzt, heißt *Assembler.* Ein Übersetzungsprogramm, das von Maschinensprache in eine Assemblersprache übersetzt, heißt *Disassembler.*

18.2 *Macros* sind Sprachkonstrukte, die eine Benennung häufig benutzter Programmteile erlauben. Wo dieses Programmteil benötigt wird, kann der bei der Macrodefinition vergebene Name statt des Programmteils verwendet werden. Dadurch werden Programme übersichtlicher. Macros führen reine Textersetzung durch. Dadurch wird zwar der Quellcode im allgemeinen kürzer, an der Länge des Objektcodes ändert sich jedoch – im Gegensatz zur Unterprogrammtechnik – nichts.

18.3 Der Hauptunterschied zwischen einer Maschinensprache und einer Assemblersprache ohne Macros ist die bessere Lesbarkeit der Assemblersprache, die durch die mnemonischen Abkürzungen der Maschinenbefehle zustande kommt.

Lösungen zu Kapitel 19: Höhere Programmiersprachen

19.1 Zu den wichtigsten *Konzepten* höherer Programmiersprachen gehören:

1. Kontrollstrukturen
2. Routinen, lokale Variablen und Parameter
3. Module
4. Objektorientierung

19.2 Man versteht unter Portierung, ein Programm auf verschiedenen Rechnern zum Ablauf zu bringen.

19.3 IF < Bedingung > THEN < Anweisung > ELSE < Anweisung > ENDIF;

Dabei stellt die in spitzen Klammern formulierte Bedingung Boolesche Ausdrücke bzw. entsprechende Bedingungen dar.

19.4 Drei wesentliche Kontrollstrukturen in höheren (prozeduralen) Programmiersprachen sind:

1. *Sequenzen* (Aneinanderreihung von Anweisungen; diese werden sequentiell ausgeführt)
2. *Fallunterscheidungen* (IF- und CASE-Anweisungen, bedingte Sprünge)
3. *Schleifen* (FOR-,WHILE- und REPEAT-Schleifen)

19.5 Eine CASE-Anweisung stellt eine Erweiterung der IF-Anweisung dar, falls mehr als zwei Fälle zu unterscheiden sind.

19.6 FOR i:= 1 TO 100 DO < Anweisungen >END;

FOR-Schleifen werden verwendet, wenn die Anzahl der Schleifendurchläufe vor dem Ablauf der Schleife bekannt ist.

19.7 Variablen, die nicht nur lokal innerhalb einer Routine gültig sind, werden *globale Variablen* genannt.

19.8 Die drei Arten der Parameterübergabe sind:

1. *Call by value* (Wertparameter)
   Hierbei wird der Wert der übergebenen Variablen in die neue Umgebung der Routine kopiert und innerhalb wie eine lokale Variable behandelt.

2. *Call by reference* (Variablenparameter)
   Hierbei wird nur ein Verweis auf eine Variable (Adresse im Speicher) an die aufgerufene Routine übergeben.

3. *Call by value-result*
   Dieser Parameter verhält sich wie ein Wertparameter, nur daß erst nach Abarbeitung der aufgerufenen Routine der aktuelle Wert des Parameters in die globale Umgebung zurückkopiert wird.

19.9 Unter einem *Pointer* versteht man ein Konstrukt, das höhere Programmiersprachen verwenden, um dynamische Datenstrukturen zu realisieren.

19.10 Das *Modularisierungskonzept* unterstützt nicht nur *Testabläufe* sondern verringert auch die *Übersetzungszeit.*

19.11 Das grundlegende Konzept der *Objektorientierung* besteht darin, die in einem Programm vorkommenden Daten und die darauf definierten Operationen zu *Klassen* zusammenzufassen und über diese Klassen eine *Hierarchie* zu errichten.

19.12 Das Prinzip der *Vererbung* ermöglicht es, eine vorliegende Datenstruktur um neue Komponenten zu erweitern, neue Operationen zu definieren oder alte, ererbte Operationen neu zu implementieren.

19.13 Objektorientiertes Programmieren unterstützt die *Wiederverwendbarkeit* und die *Wartbarkeit* von Programmen.

Anhang

Literaturverzeichnis

Blieberger, J.; Klasek, J.; Redlein, A.; Schildt, G.H.: *Informatik,* 3. Auflage, Springer-Verlag, Wien New York, 1996

Borucki, L.: *Grundlagen der Digitaltechnik,* 2. Auflage, Teubner Verlag, Stuttgart, 1985

Denis-Papin, M.; Cullmann, G.: *Übungsaufgaben zur Informationstheorie,* Friedr. Vieweg Verlag, Braunschweig, 1972

Dworatschek, S.: *Grundlagen der Datenverarbeitung,* 7. Auflage, Walter de Gruyter Lehrbuch, Berlin, New York, 1986

Flik, Th.; Liebig, H.: *Mikroprozessortechnik,* Springer-Verlag, Berlin, 1994

Hotz, G.: *Einführung in die Informatik,* 1. Auflage, Teubner Verlag, Stuttgart, 1990

Kameda, T.; Weihrauch, K.: *Einführung in die Codierungstheorie,* BI Wissenschaftsverlag, Mannheim, 1973

Knuth, D.E.: *The Art of Computer Programming,* Addison-Wesley, Reading, MA/USA, 1973

Kofler, M.: *Linux,* Addison-Wesley, Reading, MA/USA, 1995

Rao, K.R.; Yip, P.: *Discrete Cosine Transform,* Academic Press, San Diego, CA/USA, 1990

Rembold, U.: *Aufgaben zur Informatik* für Naturwissenschaftler und Ingenieure, Carl Hanser Verlag, München Wien, 1990

Salomaa, A.: *Public-Key Cryptography,* Springer-Verlag, Berlin, 1990

Schildt, G.H.; Kastner, W.: *Prozeßautomatisierung,* Springer-Verlag Wien New York, 1998

Tanenbaum, A.S.: *Structured Computer Organisation,* Prentice-Hall, Englewood Cliffs, 1984

Tanenbaum, A.S.: *Modern Operating Systems,* Prentice-Hall, London, 1992

Tanenbaum, A.S.: *Distributed Operating Systems,* Prentice-Hall, New Jersey, 1995

Tanenbaum, A.S.: *Computer Networks,* 2nd Edition, Prentice-Hall, Englewood Cliffs, 1988

Tietze, U.; Schenk, Ch.: *Halbleiterschaltungstechnik,* Springer-Verlag, Berlin, 1993

Timothy, C.B.; Cleary, J.G.; Witten, I.H.: *Text Compression,* Prentice-Hall, Englewood Cliffs, N.J., 1990

Warnke, M.: *Informatik – Elementare Einführung,* Oldenbourg Verlag, München, 1989

Zadeh, L.A.: *Fuzzy Logic,* Inf.&Contr., 8: 338-353, 1965

Sachwortverzeichnis

Absorptionsgesetz, 86
Abtastfrequenz, 68
Abtasttheorem nach Shannon, 11, 68
Abtast- und Halbverstärker, 32, 116
Abtastwert, 68, 116
Abtastzeitpunkt, 116
Access Control List (ACL), 134
Account, 42, 136
Accounting, 39, 130
Acknowledge Frame, 130
adaptive Scheduling-Strategie, 121
adaptiver Code, 6, 57
adaptiver Huffman-Code, 7, 58
adaptives Scheduling, 34, 121
Addition, 14, 75, 82
Adreßbus, 115
Adresse,
  physikalische, 36, 123
  virtuelle, 36, 123
Adressierungsarten, 31, 113
  direct, 31, 113
  immediate, 113
  implied, 113
  indirect, 31, 113
  program-counter relative, 31, 113
  register addressing, 113
  register indirect, 31, 113
Adreßraum, 36, 124
  eindimensionaler, 36
  linearer, 36
  zweidimensionaler, 36, 124
Algebra, 86
  Boolesche, 86
algebraische Umformung, 21
Algorithmus, 19, 85
Alphabet, 6, 7, 8
Analog-/Digital-Wandlung 116
Analyse von Algorithmen, 19, 85
Anticipate Paging, 37, 127
Anticipatory Fetch, 41, 135
Antivalenz, 64, 106
Antivalenzfunktion, 106
Antivalenzgatter, 28
Antivalenzverknüpfung, 106
Antwortzeit, 121
Äquivalenz, 21, 88
Arithmetic Logic Unit (ALU), 29, 108
arithmetische Operation, 111
arithmetisches Codieren, 7, 8, 58
Artikel, 2, 47
Assembler, 43, 137
Assemblersprache, 43, 137
Assoziativgesetz, 17, 86
asynchrone sequentielle Logik, 102
Asynchronzähler, 26
Auftrittswahrscheinlichkeit, 3, 5, 7, 47, 51, 52
Authentisierung, 10, 67
Automat,
  deterministischer, 29, 108
  endlicher, 29, 108

Bandspeicher, 117
Base-Address-Register, 125
Basis, 15
Baum, 51
BCD-Code, 66
Befehlssatz, 31
Berechnungsvorschrift, 15
Bereichsüberschreitung, 81
Besetzt-Token, 130
Best Fit, 125
Betrachtungsraum, 21
Betriebssystem, 40, 132
Betriebssystemkern, 40, 132
Bildpunkt, 69
Binär, 14, 75
Binärcode, 1, 9, 62
Binärsystem, 12, 13, 71, 73
Binärwort, 29
Binärzahl, 14, 16
Binding, 36, 37, 123
Bit, 2, 7, 46
Bittaktsynchronisation, 129

Blocked, 33
Boolesche Algebra, 20, 21, 86
Boolesche Funktion, 22, 26, 105
Bound Register, 125
Buddy, 125
buffered write through, 115
Bus, 29, 109
Bus Arbiter, 29, 109

Cache, 115
Cache Hit, 115
Cache Miss, 115
Cache-Speicher, 31, 115
Call by reference, 139
Call by value, 139
Call by value-result, 139
Call-Subroutine-Befehl, 30, 112
Capabilities, 134, 136
Capability List, 134
Carrier sense multiple access with collision detection, 39
CD-Speicher, 117
Center of Gravity, 99
Client Agent, 133
Client-Prozeß, 133
Code, 51
  adaptiver, 6, 57, 58
  arithmetischer, 7, 61
  fehlererkennender, 8, 61
  fehlerkorrigierender, 8, 61
Codebaum, 52
Codesegment, 123
Codetabelle, 10
Codierer, 25, 101
Codierung, 1, 45, 62, 129
  informationsreduzierende, 11
  mit fester Wortlänge, 1
  umkehrbar eindeutige, 1
Codierungstheorie, 5
Communication Subnet, 129, 130
Compact Disk-Read Only Memory (CD-ROM), 117
Complex Instruction Set Computer (CISC), 114
Computersysteme, 30, 38, 80, 81, 111
Context, 34, 120
Context-Save, 34
Context-Switch, 34, 133
Controller, 32, 116
Control unit, 29, 110
Cosinustransformation (DCT), 11, 68

CRC-Checksumme, 130
crisp value, 23
CSMA, 130
CSMA/CD, 130
Current Directory, 41, 134
Cycle-Stealing-DMA, 116

Data Frame, 129
Data Link Layer, 39, 129, 130
Datenbit, 9, 64
Datensegment, 123
Deadlock, 38, 41, 128, 135
Decodieren, 7, 9, 63
Decodierer, 25, 101, 102
Defuzzyfizierung, 23
Demand Paging, 37, 127
de Morgansches Gesetz, 20, 104
Demultiplexer, 25, 102
Deskriptor, 34, 120
deterministischer Automat, 108
Device-Unabhängigkeit, 33, 41, 134
dezimal, 18, 84
Dezimalsystem, 12, 13, 71, 73
Dezimalziffer, 49
D-Flip-Flop, 26, 102, 103
Differential Phase Shift Keying, 129
Digital Audio Tape (DAT), 117
Dining Philosopher's Problem, 128
direct addressing, 113
Direct Memory Access (DMA), 32, 116
Directory Tree, 41, 134
Disassembler, 43, 137
Disjunktion, 89
disjunktive Normalform, 90, 96
Diskettenspeicher, 117
Disk Scheduling, 41, 135
Dispatching, 33, 119
Displacement, 113
Display-Prozessor, 116
Distributivgesetz, 86, 89
Division, 15, 77
don't care-Bedingung, 25
Drucker, 38, 128
Dualisieren, 20
Durchsatz, 121
Dynamic Priority Scheduling, 34
dynamische Priorität, 34
dynamischer Linker, 36
dynamisches RAM, 104

Effizienz, 121

eindimensionaler Adreßraum, 36
Einerkomplement, 81
Einerkomplementdarstellung, 15, 16, 80
Einheit, 3
Electrically EPROM (EEPROM), 104
Endekennung, 7, 59
endlicher Automat, 108
Erasable PROM (EPROM), 104
Ereignis, 30, 112
Error control, 39
explizite Parallelität, 33, 118
Exponent, 83
External Fragmentation, 37
externer Speicher, 32, 117
Exzeß, 80
Exzeßdarstellung, 16, 17, 80, 81

Fairneß, 121
Fallunterscheidung, 138
fehlererkennender Code, 8, 61
Fehlererkennung, 130
fehlerfreie Übertragung, 8
Fehlerkorrektur, 9, 63
fehlerkorrigierender Code, 8, 61
Festkommadarstellung, 18, 81, 84
Festkommazahl, 16
Festplatte, 117
File, 33, 118
First Fit, 125
First In First Out (FIFO), 126
flankengetriggert, 26, 102
Flip-Flop, 102
Flow-Control-Operation, 111
Fragmentation, 125
  External, 125
  Internal, 125
fraktale Bildkompression, 11, 69
Frei-Token, 130, 131
Frequency Shift Keying, 129
Funktion, 21, 29, 31, 93
  Boolesche, 22
Fuzzy-Logik, 99
fuzzy result, 23, 99
fuzzy set, 24

Gatter, 28
Gatterlaufzeiten, 104
Generatorpolynom, 9, 63
Gerät, 118
gerichtete Kanten, 108
Gleitkommadarstellung, 18, 81, 84
Gleitkommazahl, 16, 17, 82, 83
Gray-Code, 66
Group-ID, 136

Hamming-Code, 9, 10, 66
Hammingdistanz, 9, 62
  eines Binärcodes, 9, 62
  zweier binärer Codewörter, 9, 62
Hardware, 29, 109, 112, 126
Harvard-Architektur, 31, 114
Häufigkeitsverteilung, 57
Hauptspeicher, 111, 115
Header, 129
hexadezimal, 13, 79
hexadezimales System, 15
Hierarchie, 139
hit rate, 31
Höhere Programmiersprachen, 44, 138
Home Directory, 136
Hornerschema, 12, 72
Huffman-Code, 5, 6, 51, 57
  adaptiver, 5, 52
Human Interface, 42, 136

ideelle Zahl, 82
Image, 125
immediate addressing, 113
Implementierung, 19, 85
implied addressing, 113
Implikationsfunktion, 20
implizite Parallelität, 33, 118
independent I/O, 30
indirect addressing, 113
Inference engine, 23, 99
Inferenz, 23, 99
Information, 46, 47, 102
Informationsfluß, 2, 46
Informationsgehalt, 2, 3, 46, 47, 56
  mittlerer, 2, 3, 47
Informationstheorie, 1, 2, 45
Informationstheorie nach Shannon, 2
Input File, 33, 118
Input-/Output-Operation, 111
Input-/Output-Port, 111
Insert Mode, 41, 135
Instruction-Pipelining, 31, 113
Instruktion, 36
Interface Message Prozessor, 129
interfering instruction, 113
Interleaved Memory, 31
Internal Fragmentation, 125

Interprozeß-Kommunikation, 38, 128, 132, 133
Interrupt, 30, 133
Interrupt Handling, 132, 133
Interrupt Service Routine (ISR), 30, 112
Intervall, 7, 58, 59
I/O-Operation, 111
I/O-Port, 111
isolated I/O, 30

JK-Flip-Flop, 26, 102, 103
Job Control Language, 42, 136
Job Scheduler, 120
JPEG-Standard, 11

Kante, 108
Karnaugh und Veitch, 22, 93
Karnaugh-Veitch-Darstellung, 22
Karnaugh-Veitch-Verfahren, 22
Kassettenspeicher, 117
Kernel, 132
Klassen, 139
Knoten, 102
Kommunikation, 38, 128
Kommutativgesetz, 17, 86
Komprimierung, 69
konjunktive Normalform, 90
Konklusion, 24, 99
Kontradiktion, 20, 87, 105
Kontrollstruktur, 138
Korrekturverfahren, 10, 66
Kreditkartennummer, 45
KV-Diagramm, 22, 93
KV-Verfahren, 22, 93

LAN, 39, 129
Latch, 102
Laufzeit, 118, 123
Least Frequently Used (LFU), 126
Least Recently Used (LRU), 126
Leitung, 25
Lightweight Process, 122
lineare Prioritätsfunktion, 34
lineare Speicherorganisation, 31
Linker, 123
  dynamischer, 36
  Runtime, 36
  statischer, 36, 123
Local Area Network, 129
Logarithmus dualis, 3, 47
Logik,
  asynchrone, 102
  negative, 25, 101
  positive, 25, 101
  sequentielle, 102
  synchrone, 102
Login, 136
logische Operation, 111
Logische Schaltungen, 101
Logout, 42, 136
Lokalität,
  örtliche, 126
  zeitliche, 126
Lokalität der Referenzen, 126
Lower Bound Register, 125

Macro, 43, 137
Mantisse, 17, 82
Maschinenbefehle, 30, 111
Maschinencodeinterpretation, 30
Maschinenprogramm, 36
Maschinensprache, 30, 43, 137
Mathematik-Co-Prozessor, 109
Matrix, 11
Maximum Height, 99
Maximum-Mittelwert-Methode, 23
MAX-MIN-Inferenz, 99
MAX-PROD-Inferenz, 99
Maxterm, 21, 90
Mean of Maxima, 99
Mehrebenenscheduling, 120
Mehrfachfehler, 10, 66
Memory,
  Interleaved, 31
  zweifach Interleaved, 31
Memory Address Register (MAR), 109
Memory Buffer Register (MBR), 109
memory mapped I/O, 30, 111
Memory-Protection, 36, 37, 123, 125
Micro-Code, 111
Micro-Code-Ebene, 30, 112
Micro Code Logic, 109
Micro Instruction Counter (MIC), 109
Micro Instruction Register (MIR), 109
Micro-Instruktion, 30, 111
Micro-Programm, 30
Micro-Programmierung, 29, 109
Micro-Prozessor, 29, 108, 109
Minimieren, 27
Minterm, 21, 90
mittlere Wortlänge, 3, 49
mittlerer Informationsgehalt, 3, 47

Modul, 138
Modularisierungskonzept, 44, 139
Monopolisierung, 121
Morse-Code, 1, 5, 46, 51
Most significant bit (MSB), 80
MS-DOS, 36, 123
Multimediaprozessor, 116
Multimediaprozessoren, 32
Multiplexer, 25, 101
Multiplikation, 14, 77, 79, 83
Multiprocessing, 123
Multi-Threading, 34, 122
Mutual Exclusion, 135

Nachkommastelle, 82
Nachricht, 10, 45, 46, 47, 59, 61, 63, 65, 66
negative Logik, 101
negative Zahl, 15, 80
Network layer, 39, 129, 130
Netzwerke, 39, 129
Nonpreemption, 135
Normalform, 91
  disjunktive, 21, 90, 96
  konjunktive, 21
Normalisieren, 16
Normalisierte Darstellung, 82
Not Recently Used (NUR), 126
Nucleus, 132
Nullanzeige, 109

Object File, 123
Objektcode, 137
objektorientiertes Programmieren, 44, 139
Objektorientierung, 44, 138, 139
Oktal, 13, 79
oktales System, 15
Operation, 30, 111
Organisations-ID, 136
örtliche Lokalität, 126
Output File, 33, 118
Overstrike Mode, 41, 135

Page, 125
Page-Fault, 37, 126, 127
Page-Frame, 125
Page-Replacement, 37, 126
Paging, 37, 125
  Anticipate, 37, 127
  Demand, 37, 127
Parallelität, 33, 118
  explizite, 33, 118
  implizite, 33, 118
Parameter, 138
Parameterübergabe, 44
Partial Allocation, 135
Partitionierung, 37, 125
  variable, 37
Path Name Delimiter, 135
Phase Shift Keying, 129
Physical layer, 39
physikalische Adresse, 36, 123
physikalischer Speicher, 37
Pixel, 69
Pixel-Prozessor, 116
Plattenspeicher, 117
Plausibilitätsüberprüfung, 81
Pointer, 44, 139
Point-to-Point Subnet, 39
Polynom, 63
Polynomcodierung, 9, 63
POP, 112
Portierung, 44, 138
positive Logik, 101
Potenzieren, 72
Power-up-Schaltung, 109
Prämisse, 24
Primzahl, 67
Priorität, 133
  dynamische, 34
Prioritätsfunktion, 34
  lineare, 34
Program Status Word (PSW), 112
Program Counter, 122
program-counter relative addressing, 31, 113
Programm, 19, 33, 85, 118
  reentrantes, 36
Programm Counter (PC), 112
Programmable ROM (PROM), 104
Programmiersprache, 138
  höhere, 138
  prozedurale, 138
Programmierung, 19, 85
Protection matrix, 41
Prozessor, 29
Prozessor-Architektur, 114
  Complex Instruction Set Computer, 114
  Reduced Instruction Set Computer, 114
Prozeß, 33, 118, 133
Prozeß Deskriptor, 34, 120
Prozeßhierarchie, 33, 118
Prozeß-ID, 133

Prozeß-Image, 125
Prozeß-Interface, 132
Prozeß-Management, 132, 133
Prozeß-Scheduler, 128
Prozeß-Scheduling, 33, 119, 121
Prozeßzustand, 33
Prüfbit, 9, 10, 64
Public Key Cryptosystem, 10, 67
PUSH, 112

Quantisierung, 69
Quellalphabet, 1
Quellcode, 137
Quellsprache, 45
Quine und McCluskey, 22, 92, 93

Race Condition, 38, 128
RAM-Baustein, 26, 104
Random Access Memory (RAM), 26
  dynamisches, 104
  statisches, 104
Read Only Memory (ROM), 104
Ready, 33
Rechnerarchitektur, 31
Reduced Instruction Set Computer (RISC), 114
Redundanz, 3, 49, 50, 52, 54
  relative, 3
reduzierter Term, 95, 98
reelle Zahl, 13, 16, 74, 81
reentrant, 125
reentrantes Programm, 36, 125
Referenz, 37, 126
Regel, 24
Regelbasis, 24, 99
Register, 26
register addressing, 113
Register File, 108
register-indirect addressing, 31, 113
Register Save Area, 120
Reihe, 17
relative Redundanz, 49
relativer Pfadname, 41
Relocateable Object File, 123
Remote Procedure Call, 40, 133
Replacement, 37
Replacement-Strategie, 37
Reset-Schaltung, 109
Resource Management, 41, 132, 134
Resource Waiting, 135
Return-from-Subroutine-Befehl, 30, 112
Roll-In, 125
Roll-Out, 125
ROM-Baustein, 26
root, 134
Round Robin Scheduling, 34, 121
Routinen, 138
Routing, 130
RPC-Server, 133
RSA-Methode, 10, 67
RS-Flip-Flop, 26, 103
rule base, 24
Rundungsfehler, 83, 84
Running, 34
Runtime-Library, 124
Runtime-Linker, 124

Sample and Hold, 32, 116
Schaltbild, 26, 102
Schaltung, 27, 105
  logische, 101
  sequentielle, 25
Scheduling, 34
  adaptives, 34
  Dynamic Priority, 34
  mit mehreren Ebenen, 34
  Round Robin, 34, 121
  Static Priority, 34
Scheduling-Algorithmen, 34
Scheduling-Overhead, 121
Scheduling-Strategie, 34
  adaptive, 34
Scheduling-Verfahren, 121
Schleife, 138
Schnittstelle, 108
Schreiboperation, 31
Schwerpunkt, 23, 99
Scratchpad, 108
Segment, 36, 123
Segmentierung, 37
Segmentliste, 41, 135
sequentielle Logik, 25
Sequenz, 138
Serverprozeß, 133
Shannonsche Informationstheorie, 47
Sharing, 35
Shell-Prozeß, 118
shift, 15, 103
Shift-Operation, 111
Signalfunktion
  bandbegrenzt, 68
Signalprozessor, 116

skalares Produkt, 11
Speicher, 32, 37
  externer, 32, 117
  physikalischer, 37
Speicherbereich, 37
Speicherhierarchie, 31
Speicherkompaktifizierung, 125
Speicherorganisation, 31
  lineare, 31
Speicherplatzbedarf, 85
Speichertechnik, 36
  virtuelle, 36
Speicherverwaltung, 36, 123, 132
Speicher-Zugriffszeit, 32,
Spooling, 38, 128
Sprache, 45
Sprünge, 113
  bedingt, 113
  unbedingt, 113
Stack, 30
Stack-Operation, 111
Standard Input File, 33, 118
Standard Output File, 33, 118
Starvation, 121
Static Priority Scheduling, 34, 121
statischer Linker, 36, 123
statisches RAM, 104
Status-Anzeige, 29
Steuereingang, 25
Storage Keys, 125
Streamer, 117
Subroutine-Call, 30, 112, 113
Subroutine-Return, 30
Substantiv, 2
Subtraktion, 14, 76
Swapping, 37, 125
synchrone sequentielle Logik, 102
System calls, 133

Taktgenerator, 110
Taktrate, 114
Taktsignal, 29
Tastatur, 118
Tautologie, 20, 87, 105
Term, 95, 98
  reduzierter, 95, 98
Terminal, 33, 118
Testablauf, 139
Thread, 34, 122, 133
Thread-Management, 35, 122
Tiefpaß
  idealer, 68
Timesharing-System, 33
Timing-Baustein, 109
Token, 130
Token-Ring, 39, 130
Tokenverlust, 131
Trailer, 129
Transfer-Operation, 111
Transparent-DMA, 116
Trap, 30, 40, 112, 133
Trap-Vektor, 133
Trashing, 37, 126
Trefferrate, 31
Trigger, 29, 102, 110
Type Management, 41, 134

Überschreitung des Zahlenbereichs, 16
Übersetzungszeit, 139
Übertrag, 14, 15
Übertragsanzeige, 109
Übertragung, 8, 61
Übertragungsfehler, 62
Unflexible Memory Protection, 125
Unresolved External Address, 123, 124
Unterprogrammtechnik, 137
Upper Bound Register, 125
User ID, 136

Variable, 138, 139
  globale, 139
  lokale, 138
variable Partitionierung, 125
Variablenbelegung, 20
Vererbung, 44, 139
Verschiebung, 15
Verschlüsselung, 10
virtuell, 36
virtuelle Adresse, 36, 123
virtuelle Speichertechnik, 36
virtuelle Speicherverwaltung, 125
Volldisjunktion, 21, 90, 91
Vollform, 21, 90
Vollkonjunktion, 21, 90, 91
von Neumann-Architektur, 31, 113
Vorkommastelle, 17
Vorkommateil, 13
Vorzeichenanzeige, 109
Vorzeichenbit, 80

Wahrheitstabelle, 21, 26, 27, 92, 105
Wahrscheinlichkeit, 2, 47, 63

Wartbarkeit, 139
Wechselplatte, 117
Weiche, 28
Wide Area Network (WAN), 39, 129
Wiederverwendbarkeit, 139
Working-Set, 37, 126
Wort, 7
Wortlänge, 3, 49, 50
  mittlere, 3, 49, 50
write later, 115
write through, 115

Zahl, 12, 13, 15, 16
  ganze, 12
  negative, 15, 80
  normalisierte, 16
  reelle, 13, 16, 74, 81
Zahlenbereich, 16
Zahlendarstellungen, 70
Zahlensystem, 13, 75
Zähler, 104
Zeichen, 45
Zeichenfolge, 52
Zeichenkette, 45
zeitliche Lokalität, 126
Zeitverhalten, 85
Zielalphabet, 46, 57
Zielsprache, 45
Ziffer, 12, 70, 78
Zifferncodierung, 10, 66
Zugehörigkeitsfunktion, 24
Zugehörigkeitsmaß, 24, 99
Zugriffszeit, 115
Zustand, 33
Zustandsdiagramm eines Automaten, 29, 108
Zustandsübergang, 33
zweidimensionaler Adreßraum, 34, 118
Zweierkomplement, 81
Zweierkomplementdarstellung, 15, 16, 80
Zweierlogarithmus, 48
zweifach Interleaved Memory, 31

Springer-Verlag und Umwelt

Als internationaler wissenschaftlicher Verlag sind wir uns unserer besonderen Verpflichtung der Umwelt gegenüber bewußt und beziehen umweltorientierte Grundsätze in Unternehmensentscheidungen mit ein.

Von unseren Geschäftspartnern (Druckereien, Papierfabriken, Verpackungsherstellern usw.) verlangen wir, daß sie sowohl beim Herstellungsprozeß selbst als auch beim Einsatz der zur Verwendung kommenden Materialien ökologische Gesichtspunkte berücksichtigen.

Das für dieses Buch verwendete Papier ist aus chlorfrei hergestelltem Zellstoff gefertigt und im pH-Wert neutral.